勝山敏一

明治・行き当たりレンズ

—他人本位から自己本位へ、そして

桂書房

目次

はじめに

　明治末期の富山市街を眼前にできる面白い二つの新聞記事がある。一九一〇（明治四十三）年十月、「高岡新報」に掲載された二回連載「神嘗祭の一日」と、翌一九一一年十一月の十六回連載「行き当たりレンズ」と題する記事。

　どちらも富山市郊外を歩き回り、あちこちにレンズを向ける記事である。風景より人物を撮りたいようであるが、カメラを向けられると避けようとする人がほとんど（現在だってそう）で、なかなか撮れない。記者は撮りそこなった事柄について感想を記し、次へと眼を向けていく。簡潔なレポートながらカメラを向けられた人の反応、カメラを向ける側の意識も少し分かり、注意深く読めば、日常の折々に生まれる市井人の感情に今と変わらない点が見え、また、異なるように見える点にも気がつく。撮影された写真と記事を対照し、ほかの文献も参照しながらいく度か読み返すと、やがて時を遡行《そこう》できるような気がしてくる。

　暮らしの中の人間の姿は連綿《れんめん》と続いて切れ目のないように見えるけれど、現代の自分の抱く価値観が百年前の彼らと同じであるはずがない。途中に竹の節のようなポイントがあるのではないか。記者たちの撮影片と片言からポイントになるものを見出し、日常の何気ない現場に歴史のリアリティがどのようにひそむかを照明してみたくなった。歴史の水脈はどこを潜《くぐ》っているか複雑怪奇なので、時に間違えるかもしれないが、ポイントの所在だけは指摘できるだろう。

　彼らが撮影した何枚かは新聞紙面に掲載されたが、当時の印刷機の性能や写真製版の技術は低いので不鮮明である。高岡新報の主筆・井上江花の遺族宅（宇治市）に残るアルバムの中から原プリントが見つかっているので、鮮明なそれに置き換えて紹介する。撮影旅行時の富山市街と分かる写真もできるかぎり取り上げ、セピア色を呈する古写真の味を見ていただきたい。

　原記事は各扉にその一部を載せた。総ルビつきで旧漢字、旧仮名遣い、送り仮名も現在とは異なるので、読みやすさを一義に現在の表記に改め、ルビも必要限度に止めた。原記事は少し大文字にして薄茶色のアミがけを施し、筆者の解説と区別した。

神嘗祭の一日

一九一〇（明治四十三）年十月二十五日・二十八日

神嘗祭《かんなめさい》の一日（上）

振《ふる》つたる江花翁《こうくわおう》のスケッチ

神嘗祭《かんなめさい》の當日《たうじつ》は日頃《いつも》よりも早《はや》く目覺《めざ》めた、離亭《はなれ》の雨戸《あまど》を繰《く》ると昨夜來《さくやらい》ぼたり〳〵と墜《お》ちた栗《くり》の實《み》が石燈籠《いしどうろう》の陰《かげ》や松《まつ》樹《のき》の根元《ねもと》、躑躅《つゝじ》の葉蔭《はかげ》に轉《ころが》る、五十坪《つぼ》に餘《あま》る庭《には》は薄靄《うすもや》に閉《とざ》されて居《ゐ》る、吾《わ》が庭《には》が靄《もや》に閉《とざ》さるゝ時《とき》は概《がい》して天氣《てんき》は好《よ》い、運動《うんどう》がてらに栗拾《くりひろ》ひをしたり雜草《ざつさう》を除《と》りたりする内《うち》に朝飯《あさめし》となつた、そして膳《ぜん》と相對《あひたい》して居《ゐ》る間《ま》に一日の日程《につてい》を考《かんが》へた、如何《いか》にして此《こ》の休日《きうじつ》を送《おく》るべき乎《か》、如何《いか》にして日《に》本晴《ほんばれ》の一日を暮《く》らすべき歟《か》、是《これ》が朝飯中《あさめしちう》の考《かんが》へであつた、が徒《いたづら》に空想《くうさう》に耽《ふけ》つて無意識《むいしき》に飯《めし》を濟《すま》した迄《まで》の事《こと》である、然《しか》し折角《せつかく》の祭日《さいじつ》、先《ま》づ鹿島町《かしまてう》なる江花翁《こうくわおう》の宅《たく》を訪《と》ふがよかろうと杖《つえ》を片手《かたて》に門《もん》を出《だ》た、旭日旗《ひのまる》

高岡新報・明治43年10月25日

神嘗祭《かんなめさい》の当日は日頃よりも早く目覚めた。

神嘗祭は十月中旬に行なわれる伊勢神宮の大祭で、当年の初穂がアマテラス大御神に奉じられる。東京にいる天皇は宮中の神殿に親拝《しんぱい》、地方では県知事が伊勢神宮の方角に向かい遥拝《ようはい》する。

この年は十月十七日が神嘗祭。前日が日曜日なので休日が二日続くといって官公庁だけが喜んでいると新聞が報じるように、会社の勤め人、町や村の人々が仕事を休むことのない「官祭《かんさい》」である。ただし、新聞記者は官公庁並で、休日のようだ。

神嘗祭の日を明治政府が国民の祭日と定めたのは一八七三（明治六）年。江戸期を通じて民衆の休日は「盆」「正月」や「五節句」「産土《うぶすな》祭り」など習俗をもとにしたもので占められていたが、それを全面的に取りやめ、改めて皇室の祝祭を割り振った。人々がそれを「官祭」とよび慣わしたのは、一方に依然と「民祭」のあることを表す言い様である。

維新政府は何もかもを様変わりさせる必要があって「復古」を基本にとったことが知られている。なぜか。幕末維新時の人々は、資本主義社会へいやが応でも引きずりこまれていく不安と恐怖を肌身で感

維新当時の富山城の城門と時計台（昭和13年「富山市五十年史絵巻」より）

じていた—歴史家の安丸良夫氏はそう考察している。米価が年ごとに高騰するだけでなく、いろいろな商品が出回り、金銭のもつ意味が飛躍的に増大していた。農民や漁師がバクチにのめりこみ仕事に精を出さなくなる風潮は、富山はもちろん、全国で現れていた。欲望がむき出しになり、個々人がバラバラになっていく不安は現代の私たちにもあるけれど、維新期の人々にそれはもっと深い地点から揺すり上げられるようなものとしてあったであろう。支配者たちは人々のその不安をとり除き、全員の一体感を形成する必要に迫られていたのであり、そのために天皇制への復古という幻想目標が創出されたというのが通説である。

離亭《はなれ》の雨戸を繰《く》ると昨夜来ぼたりぼたりと堕《お》ちた栗の実が石燈籠の蔭や松樹の根元、躑躅《つつじ》の葉蔭に転がる。五十坪に余る庭は薄靄《もや》に閉ざされている。吾が庭が靄に閉ざさるゝ時は概して天気は好い。運動がてらに栗拾いをしたり雑草を除けたりするうちに朝飯となった。

五十坪の庭はかなりの広さで町屋とは思えない。離れがあってそこに寝居し、庭に出て朝の運動をする、朝食の準備をしないという描写から想像するに、この記者は、郊外農家の次男坊（独身か）でもあろうか。記者になれるのは当時も中学校以上の学歴者に限られたようだから、余裕のある地主クラスだろう。

運動がてら、の「運動」という語がポイント。この語が、健康のために体を動かす意味に使われるようになったのは、そう古いことではないらしい。富山藩の武士だった人が安政二年（一八五五）に初めてこの語を前田の殿様から聞いたと記している。

「利保公の近臣に仰せられし言に、猿楽は仕《し》手《て》脇《わき》連《つ》レは元より四つ物に至るまで運動になるものなるが故、衛生上よろしと。当時、運動ということ始めて聞きしなり。岩乗《がんじょう》（頑丈の意）などということ常に云えり」。

絶えず動かしていなければ肉体は衰えるという認識が新しいものであったということか。前田利保公は富山藩十代藩主、能上手として知られる大名で、能舞台を富山城東郭に安政二年に新築、楽しんだようであるが、この年に城下の大火があり、その能舞台は焼けている。公が金沢の能面打師を召し抱え、数十面の製作を命じている文書も発見されて（胡桃正則『海を渡った富山藩の能面』桂書房）いる。藩主たちにとって能狂言は観るだけでなく、家臣や役者とともに舞台にあがり演じるものであった。運動不足になり勝ちな大名には実益をかねたものであったということだ。

　利保公から話を聞いたのは山田次郎左衛門方雄《まさお》、二百石取りの武士で、当時二十三歳。文化勲章を授章の山田孝雄《よしお》文学博士の父である。方雄氏が記された雑記帳を孫の忠雄氏が整理され、一九六三年に『旧事回顧録』と題して刊行された中にある話。

　体を動かすというこの語が市民運動というような用法を生むのは明治期になってと思われ、その途中経過と見られる用例が明治二十三年（一八九〇）にある。この年は北陸一帯に激しい米騒動が起きた年で、米価の高騰は米商会所を舞台に一部商人が買占めを行なっているせいとして貧民たちが二千人もの署名集めを開始するが、そのことを高岡市長が県知事に伝える書に「米商会所を停止せられんことを閣下に歎願せんとして各町多数の者を扇動、調印をまとめ活発な運動をな

前田利保の新築した千歳御殿の能舞台（木村立嶽画の一部）

す」と用いられている。同年の新聞記事に「衆議院選挙の日も迫りたれば、我が同好倶楽部も団結の意見をまとめて運動せん」とあるから、選挙運動という用法も出現しているのだろう。

そして膳と相対《あいたい》している間に一日の日程を考えた。如何にしてこの休日を送るべきか。如何にして日本晴れの一日を暮らすべきか。これが朝飯中の考えであったが、徒《いたずら》に空想にふけって無意識に飯を済ましたまでのことである。

休み日というものは、正月やお盆のような全国共通日のほかは、各村が自主的に決めるものとして十八世紀のはじめに定着したという。富山県の古いものでは寛政十二年（一八〇〇）、「遊日」と「休日」を定めた新川郡の「奉公人仕方帳」が残っている。農家に奉公する人を対象とするもので、給金や労働時間、昼寝を許す季節などまで定めている。催事をともなう「遊日」は年間三十三日、おわら風の盆で有名な「風盆」というのも九月の遊び日として記す。ほかに農作業のスケジュール上の「休日」は年間十日、実家へ里帰りする「引込み日」が一カ月に一日、合計すると年間五十五日になる。全国平均でも多い方ではないか。町屋奉公を望む者が年ごとに増加、人手不足がちの農家が奉公人待遇をよくしている様が見える。

さて、いかにして日本晴れの休日を過ごすか。外国人の記した日本の印象記を集め、ていねいに分析した渡辺京二『逝《ゆ》きし世の面影』という本があり、休日について、一八五八年（安政五年）江戸を訪れたイギリス人のオズボーンの感想が紹介されている。

「江戸において公共の娯《たの》しみのために設けられた場所の数から判断すれば、日本人は非常に休日が好きな連中だと記述してしかるべきだ。町全体が庭園や茶屋や寺院でとり巻かれていて、老若男女を問わず保養のためにしじゅうそこを訪れる」

一八六〇年（万延元年）に訪れたプロシャ人のベルクはこう言っている。

「日本の市民の最大の楽しみは、天気のよい祭日に妻子や親友といっしょに自然の中でのびのびと過ごすことである。墓地や神社の境内や、美しい自然の中にある茶店にも行く。老人たちは愉快に談笑し、若い者は仲間同志で遊んだり、釣をしたり、小さな弓で的を射たりする。釣や弓は若い女性にも好まれている遊びである。」

休日の朝の悩み事は、江戸期からあったというほかない。なお、明治初期の官庁の休日は「一日」と「五十日」（ごとうび＝五と十のつく日）の翌日とされ、六日周期のものだったが、明治九年（一八七六）に七日周期の「日曜日」が設けられたという。

しかし折角《せっかく》の祭日、先ず鹿島町なる江花翁の宅を訪うがよかろうと杖を片手に門を出た。旭日旗《ひのまる》は家毎に翻々《ほんぽん》として風になぶられている。日本国中いずこ如何なる辺土でも人家のある個処で国旗を檐際《のきぎわ》に掲げていない処はあるまいと想うと、何となく愉快な気心がする。

「江花」（こうか）は高岡新報主筆・井上忠雄のペンネーム。主筆は論説（一面トップ）を毎日執筆し、記者を統制して日々の紙面の総括をはかる新聞の顔というべき存在。彼は本社（高岡）ではなく富山支局に常勤する。まだ三十九歳だが「翁」と呼ばれている。

江花の故郷は金沢である。河田稔『ある新聞人の生涯—評伝井上江花』から生い立ちを紹介しておこう。父・忠敬は藩主の供をして江戸や京都へ出かける「大小姓役」で三百石取りだったが、維新により無職の士族に落魄《らくはく》、江花はその明治四年（一八七一）に生を受けた。姉二人のいる長男だった。父がいわゆる武士の商法に失敗したため、貧窮のうちに成長したようだ。十六歳のとき大阪へ出るが病気になり帰郷、その後も東京や大阪に出て放浪をくり返すなど二十歳ころまで悲惨な暮らしを送る。明治二十四年（一八九一）神学院の給費生募集の広告を見て再上京、ロシア正教会の学校に入学。聖ニコライの指導のもと学習にいそしんで洗礼を受ける。三年後に正教会にとって未開の地・四国松山へ伝道を命ぜられる。布教するうち、信徒の一人であった操さんと知り合い、明治三十年に結婚。金沢へ帰郷して教会の夜学校に勤めながら、北國新聞社の臨時記者となる。富山日報にも「よろづや主人」の筆名で短編小説を次々と発表。明治三十三年（一九

「鹿島町我家ノ前景　紀元節日」

〇〇）高岡新報社から入社を請われて金沢から富山へ移住、この「鹿島町」で借家住まいを始める。主筆に昇進した明治四十年に一軒家を購入した。

掲げた写真は紀元節の日の「鹿島町我が家の前景」。隣家に日の丸旗が掲揚されている。官祭日の国旗掲揚については半年前、「西町の元標から一番町の交番所までの三丁ばかりの間に国旗を出さぬ大きな店が二十軒あまりもある」「掲げない家は不精者」と富山日報で報道されている。ここはそんな野暮《やぼ》は言わず「何となく愉快」、何しろ日本晴れだ。

鹿島町は富山町の西端で、この年に「大日本帝国陸地測量部」が作成した二万分の一地形図で分かるように、神通川堤防との間にまだ田圃を残す町。同紙に「鰻上りに誂《あつら》え向きの鹿島町」という記事が出ている。「鹿島町は一名は御屋敷と云った士族の町で、維新後はたいてい零落《れいらく》してしまったが」縁起のいい町でもある、なぜなら歴代の郡長さんは皆この町に住んだ、現に井上市長や福村助役が住んでいる、出世する人の住む町だというのである。転勤族でもある官吏がたくさん住むのであれば、借家も少なからずあったろ

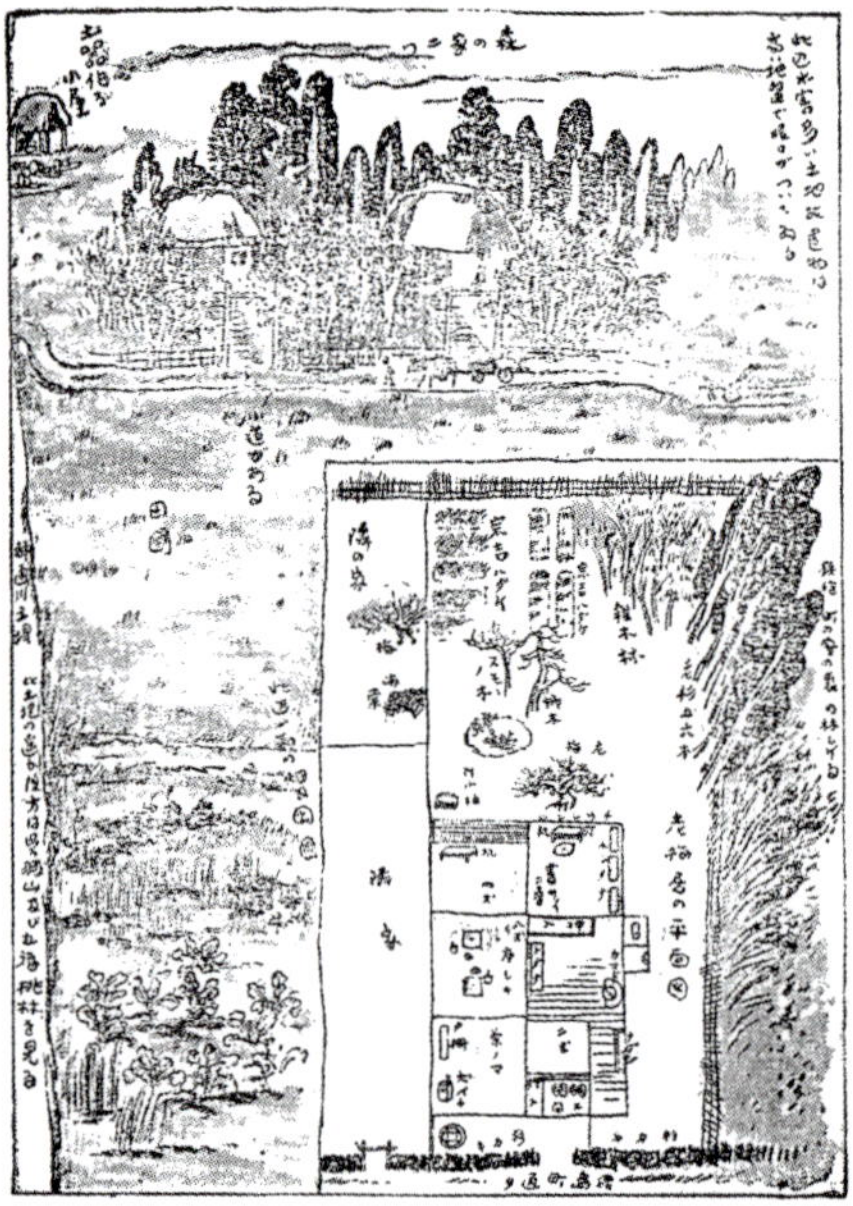

う。江花はある随筆の中で自分が住んでいたという同じ鹿島町の借家の図（上が北）を示しているが、樹木の多い町屋風景である。

翁の宅に行くと群書の中で机と対座してござる。女王は縁側で娘サンと話し合っておられた。

「女王」は操（みさを）夫人のことだ。女王のように威厳があったということだろうし、夫の江花も妻に一目を置いていると部下から見えたのに違いない。江花は新聞に時おり随筆を掲載して、その中で妻のことを「女王」と記すことがあった。二人の馴れ初めにその淵源があるかもしれない。

ロシア正教会の伝道師として四国松山にいた江花は明治二十九年（一八九六）、故郷の金沢へ帰ろうとする直前、赤痢にかかって生死の境をさまよった。そのとき看病してくれたのが信者の友人・西原操であった。回復した七月、操さんを連れて金沢へ帰る途次、大阪教会で結婚式を挙げている。江花にとって操さんは命の恩人。生涯頭の上がらない存在であったのかもしれない。「娘サン」の《涼江》は翌三十年に金沢で生まれているから、十三歳になっている。

掲げた写真は記事から少し経った十一月二十三日の「庭園にて」。中央が涼江、左が操、江花は左後ろ。右側の前後の二人は「片山江南君と夫人」。片山は一昨年の暮れに入社した記者で高岡本社編集課に勤務。昨年はカムチャッカに渡航、漁業視察をしてきたと新年の社員自己紹介記事で述べている。自邸の庭園で来客も交えて記念撮影する―明治中期、家族と庭園という

2万「富山」明治43年

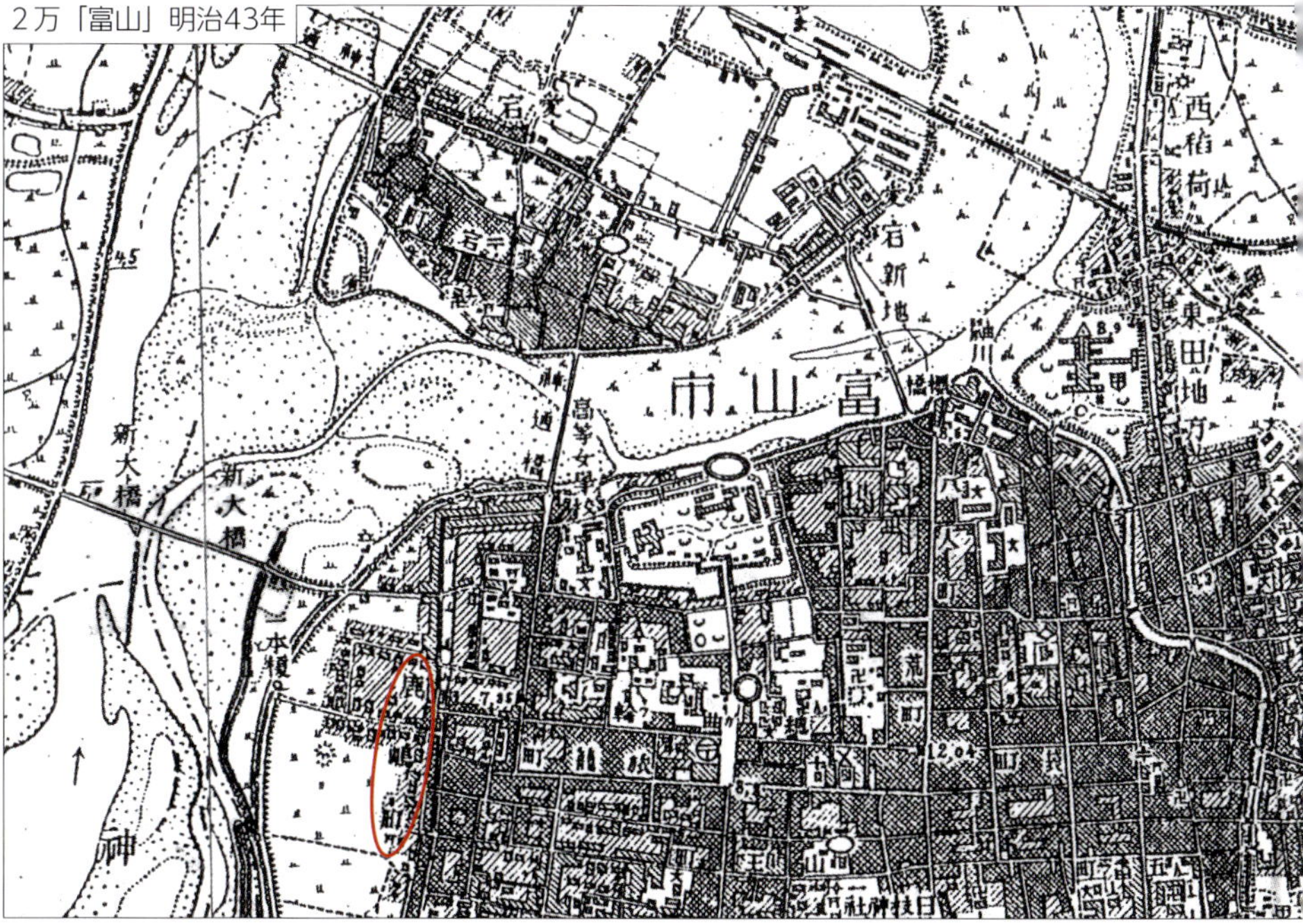

「十一月二十三日　片山江南君及夫人来訪ニ付我家族ト共ニ庭園ニテ」

語から「家庭」という合成語が生まれたというが、この光景はまさしくそれである。

妻や娘ら女性に椅子があてがわれているのが目を引く。女性は椅子に、男性はその後ろに立つという撮影のやり方は西洋風かもしれない。富山日報が十一月八日に「進歩した写真の撮り方」を紹介、女性の撮り方について次のように述べている。

「婦人方ですと立つかあるいは腰を掛けるかの二つ。年寄の方でなければ座ることは滅多にありません。特に裾模様なぞですと、すらりと立った全身が立派でございます。しかし男子になると半身か、あるいは立つにしても七分が留りです。外国では男子の全身を断って写さない写真師もあるくらいです」

これは写真師の撮り方で、江花が家への来客を撮る際の価値判断とは異なるだろう。江花はロシア正教を受容した人物である。女性を男性より弱いものと見なす文化を身につけた可能性がある。江戸期の百姓町人に夫婦の男女格差はそれほどなかったが、明治期になって妻は夫より後ろにいるべきことが強調された。写真館で夫より前に出よと言われると妻は不安を覚え

「九月二十三日　我家ノ桜の間縁先、立てる忠雄」

るが、それが西洋の礼と聞いて従う、そういう例は多かったであろう。多くの男たちはカメラ前では女性を優先、家へ入れば服従させるという二重基準を持つようになるわけだが、『江花随筆』などに見る限り、江花夫妻に二重基準はないようだ。ロシア正教の信徒として教会で結婚式を挙げた二人。その際、やはり変わることなき愛を誓ったのであろうか。そういう「愛」は当時の日本になかったものである。

　江戸期の婚姻常識はうまくいかなければ離婚すればいい、何度でも結婚をやり直せばいいというものだった。もちろん日本にも恋があり、惚《ほ》れた腫《は》れたという色恋沙汰はあった。だが、結婚してしまえば「家」というもっと上位の価値観にさらされ、それは相対的に比重の小さくなるものだった。「家制度」は男性本位に作られていて女性を縛るものと見がちだが、江戸期の女性にとってそれは「一種の幸福の保障システムではなかったか」と渡辺京二氏は言う。

「嫁が家によってテストされ、家にもっとも新しく加わったメンバーとして家風に合わせて教育されるのは、嫁自身も死ぬまでそこに所属する家庭の平安と幸福を

「九月二十三日　我家松ノ間縁先、浅子夫人、みさを」

保障する当然の措置ではなかったか。女の忍従と自己犠牲はおのれの家を楽しいものとするために支払われたのであり、その成果は彼女自身に戻って来るのだ」

英国公使夫人メアリ・フレイザーが「英国の歴史のどこを探しても、日本の妻たちがしばしば主人の足もとに捧げたような崇高で強い愛の例は見あたらない、愛はほんとうは、私たちには束縛としか見えないもののなかに生まれるのかもしれない」と書き記しているという。西洋人にとって愛とは、いったん神の前で誓ったからには永久恋愛でなければならなかっただろうが、日本では所帯を持った夫婦間に恋愛感情が持続するというのは異常なことで、それより親の子に対する恩愛の情とか、主従間の忠節とかがもっと高貴な精神としてあったということだ。

『今日はどうする心組だね』とニコニコ顔で翁は机を離れる途端に口を切られた。
『別に名案もないが郊外の散足《さんそく》はどうです、写真でも持ち出したら』二三語話し合うと交渉もさっそくまとまった。

前触れなしに人の家を訪ねていた時代である。事前に連絡するには手紙か電報しかなく、いろいろの人が突然に顔を出す。遠くより歩いて訪ねてくれる来客だから、ねぎらいの心をもって出迎えるのが人々の気風であった。家人は飛び出すように（現在でも子供がそうする）迎えに出たものだ。

突然というので謝るようになったのは戦後も一九六〇年代のことだろう。電話というものが普及してきて訪問前に都合を聞くのが礼儀となり、予約をとらない訪問は失礼となり、侘びねばならぬことになった。さらに人々の認識は変わる。電話をかけるのも初めのうちは相手が出るまで長々と呼び出し音を鳴らして平気だったが、相手にいろいろな状況があることが分かってくるにつれ、呼び出しは短くなっていった。どんな忙しい最中でも受けねば鳴り止まぬ電話は、掛けることそのものに失礼の向きは避けられず、みんな「突然に何ですが」と電話口で頭を下げることになった。それは人と人の間の垣根がしだいに高くなっていったこと、人々の孤独化と呼応したと思われる。

「九月二十三日　我家ノ庭園、浅子夫人、みさを」

今まで縁側におられた女王はござらぬで前庭へ出て見ると、主の無い猫がお産をして二匹の子を分娩したところから朝の食事を恵むべく裏手へ廻って飼っておられる。散歩の交渉顛末《てんまつ》を話すと大賛成、胃病の薬になって宜しくございますと勧められた。

操さんが「ございます」言葉で夫の部下としゃべっている。夫の江花は明治四十年の「崑崙《こんろん》日記」と題する随筆に妻との会話を記し、操さんが「読んでつかあさい」というのを採録したりしているから、操さんは東京語に四国松山の方言を混じえていたようだ。夏目漱石が松山中学に赴任したのは明治二十八年春、江花と操さんが知り合ったのはその夏の松山であった。漱石の「坊ちゃん」(明治三十九年発表)では松山中学の教師たちはほとんど共通語で話し、地元の人たちは方言になっている。「なもしと菜飯《なめし》は違うぞな、もし」のあの松山弁である。

江花は金沢弁であるが、操さんの「つかあさい」を記した同じ随筆で、ある娘さんが金沢から富山へ昨年来たばかりなのにもう越中言葉の名人になって、ちょっとしゃべってごらんと云うと即座に「姉はーん、ショッペケや何処やいね。オラっちゃ書いてあっても、なーん分からんちゃ」と話して見せると紹介している。江花は方言に大きな関心を抱いていたらしく、この六年後、高岡市二塚の郷土史家・武内七郎氏の「越中の方言」という大連載（一九九回）を開始している（小社で二〇〇九年に単行本にした）。

地方生まれの知事や上級官僚、中学教師たちが派遣された地で生地の方言を使い続けるのは、いつ頃までであろう。東京帝国大学教授・上田万年が『国語のために』を発刊し国家の標準語について論じたのは明治二十八（一八九五）年で、これ以降、東京語一辺倒になり、方言が撲滅《ぼくめつ》の対象になっていくようである。

で自分は袴一着拝借の無心をいった。それはどこで如何なる人を訪問するかも知れぬ、洋服ならばともかくも、袷一枚の着流しでは甚だ失礼だと感づいたからである。女王は心好く貸与された。しかも仙台平《せんだいひら》のピカピカ物であったが、郊外の散歩に仙台平では似合わぬといって無理矢理に木綿のゝを貸してもらった。

袷（あわせ）一枚の着流しでは、上司宅であっても失礼になるところ、月嶺《げつれい》（高田という姓）は何度も訪問していることがうかがえる。仙台平（仙台で織られる精巧な絹織物）は当時も最高級の袴。着流しで人目の多い市中でも歩けるけれど、新聞社の品格を問われずにいないことを「女王」は気づかっていよう。

翁は洋服を着け写真器械を取り出し、笑いながら袴のやりとりを見てござった。戦闘準備は完成したで翁と自分はいよいよ出発。翁は写真師然！　自分は助手宜しくといったようなスタイルである。

井上江花は写真の時代が来たことを他紙に先駆けて察知したようで、社員を東京に派遣して写真製版の技術を習得させ、この年五月、写真部を社内に設置している。これまで重要人物の肖像は、既成の写真をもと

◆B第一號携帯用暗函

手札判・鏡玉・取枠三個・三脚臺・鞄・三脚袋付

九圓五十錢

■これも實用《じつよう》と輕便《けいべん》とを主《しゆ》として作《つく》られた容積《ようせき》の小《ちひ》さい携帯用暗函《けいたいようあんはこ》である。構造《かうざう》もA第《だい》一號と同《おな》じであるが、たゞ異《ことな》つたところはこれには廻轉雲臺《くわいてんうんだい》の付《つ》いてゐないことである。鏡玉《れんず》は美麗《びれい》なるニツケル胴《どう》の單鏡玉《たんきやうぎよく》で、迅速《じんそく》の撮影《さつえい》にも充分《じうぶん》堪《た》える。取枠《とりわく》は兩面用《りやうめんよう》であるから、三個《こ》あれば乾板半《かんぱんはん》ダースを貯《たくは》へられる。三脚臺《きやくだい》は二《ふた》つ折《を》りにして袋《ふくろ》に納《をさ》められ、暗函《あんはこ》も鞄《かはん》に入《い》れられるやうになつてゐる。

に似顔絵を描き、木彫で凸版をつくっていた。風景や事件写真は東京へ送り、写真銅版をつくってもらっていたから時間も費用も莫大にかかった。

江花のカメラはどんなものか、特定することは難しい。ただ、ピントを合わせる前に三脚を立てると出てくるから、人がカメラ全体を持ち動いてピントを合わせるボックス型カメラではなく、蛇腹によってレンズ焦点を伸縮させるカメラであることは確かである。

井上家に残るアルバムで明治期の撮影と思われるプリントはほぼ八〇×一〇五ミリの手札サイズ。当時はガラス乾板に印画紙を密着させる焼き付けだから、乾板と印画紙は同サイズである。大正三（一九一四）年刊『写真のとり方』という本に出ている五十種類くらいのカメラから手札判で撮れるカメラはと見ていくと、「B第一号携帯用暗函」などが目につく。三脚つきで「九円五十銭」。自家用なら彼は自分の月給と相談して購入したはず。明治四十三年当時、主筆の月給はおそらく五十円（平記者は三十円くらい）内外である。

このカメラなら彼の月給の二割相当。当時の一円は現在の二万円くらいと言われるから、江花の月給は百万円くらい、カメラ価はおよそ二十万円に相当する。

「郎月《ろうげつ》」は江川という姓、江花の部下の新聞記者である。よく江花邸に出入りしたらしく彼が鹿島町の江花邸で働く姿が写真に撮られている。

「我庭ノ畑ト江川朗月子」

「鹿島町我家ノ庭　鍬ヲ持チシ朗月子」

「同上　朗月子ノ藁灰製造」

「同左　桜ノ間ノ縁側　朗月子食事ノトコロ」

磯部田圃へ出ると黄ばみた稲を野分《のわき》がなぶってそよそよしている。長堤の上にある一本榎は成政時代の昔を語りて寂しそうに立ちん坊をし、城山あたりは薄靄《うすもや》に閉ざされて油絵宜しくといったような好景色である。

地図に見ると、鹿島町から神通川の堤防までまっすぐ道が伸びている。現在は家が建て込んでいるが、当時は堤まで家並みは達していず、道の両側は《磯部田圃》。富山藩二代藩主（前田正甫）が築造した「磯部御庭」のあったところからきている。富士山や琵琶湖をかたどった壮大な庭園であったという。地図にその富士山跡を示すらしき印がある。この十年後の同紙に「富士山」に登って遊ぶ子供たちの写真（53頁参照）が載っていて大きさをしのぶことはできる。今は富山県護国神社の境内にその岩組みが残る。

　地図の堤防上に「一本榎」と書き込まれている。戦国期の富山城主であった佐々成政がその愛妾を切り捨てた場所と伝えられ、その女人の亡霊が宿るという伝説の樹である。現在もその樹の二代目が育ち、樹下に

2万「富山」明治43年

早百合観音堂とその由来を記す案内板が建てられている。後年、翁久允《おきなきゅういん》という人によるものである。

「油絵宜しく」という形容が出てくる。靄《もや》のかかる風景は現在なら「山水画」のようだというだろうが、この頃、イギリスの画家ターナー（一七七五～一八五一）の輪郭や形がはっきりしない靄がかった絵が日本で人気だった。夏目漱石も『坊ちゃん』でターナーの絵に言及している。二年前の北陸タイムス紙に「富山美景記」なる記事が出て、「磯部の景は墨絵なり、月見橋上の眺めは水彩なり。墨絵は広くして曲線緩やかなり、水彩は狭くして彩り冗密なり。磯部はくっきりしている。月見橋上はしんみりとしている」と、油彩は省か

現在の一本榎

「早春の一本榎ト朗月子」

れているが、景色を絵の様式になぞらえている。墨絵のようだ、水彩のようだ、油画のようだと、人々は新しい絵画様式の誕生によって「好景色」を発見してきたといっていいのだろう。

江花は油絵による自分の肖像画をもつ。それをわざわざ撮影してアルバムに貼り、「五島健三氏の描きたる予の肖像油絵」と記している。五島健三は一八八六（明治十九）年、富山県福野町で生まれ、富山県立農学校（福野町）から東京美術学校洋画科に進んだ人。美術学校を卒業した一九〇七年に江花の肖像を描いている。農学校時代の親友・大井信勝が江花の世話を受け高岡新報の記者となっていた縁による。五島は農学校を卒業前に退学、東京美術学校を目指して上京するが、家族の反対を押し切ってのことだったので金銭的な支援を友人らに負った。助けた一人が同級の大井である。

江花自身が説明文を記し、アルバムに貼ったと思われる肖像画の写真

江花のアルバムにある大井冷光像

大井の日記に「明治四十年六月十八日　五島君　先生の肖像をかきにヒヨコリと来る」「六月十九日　午後　八号カンバスにて肖像着手」「六月二十三日　肖像出来して去る」と記され、八号（二十九×四十センチ）という大きさ、五日間で描き上げたことが分かる。

大井信勝は一八八五（明治十八）年、富山市西番の生まれ。一九〇〇（明治三十三）年、富山から福野まで汽車は通じていた（北陸線を高岡駅で中越鉄道に乗り換え）が、通学には不適なので寄宿舎に入って福野農学校に学んだ。一九〇三年に農学校を卒業するが、五島に刺激されたこともあって上京。英語学校や大成学館や早稲田高等予科など苦学生として遍歴するも生活費が続かず一九〇五年三月帰郷。農学校時代の同級生（久田賢輝）の口利きで井上江花の引きを受けることができ、富山県米穀検査所に就職を得た。大井は江花に心酔して鹿島町の自宅を毎夜のように訪れ、一九〇六年十二月に江花の推薦により高岡新報に記者として迎えられている。

五島が江花の肖像を描くことになったのは、大井の江花に対する私淑《ししゅく》の気持ちを汲んでのものだろう。大

福野町・富山県立農学校の「巌浄閣」（明治42年『富山県写真帳』には生徒142名とある）

井は一九一一（明治四十四）年に再上京、久留島武彦らと口演童話会の活動を全国的に展開、「大井冷光」という童話作家として有名となる。五島は江花の肖像を描いた四カ月後、一九〇七年十月に開かれた第一回文部省美術展（文展）で入選を果たしている。

話を江花の散策に戻すが、たんなるカメラ散策ではなく、写真は絵画のようであれば上出来なのか、模索するところもあるようだ。注意深く読んでいけば、明治の人々の写真観が少しは窺えるかもしれない。

『秋の郊外散歩は好いもんだ』と富山児の自分は景気を賞賛しながら口を切ると、翁は『レンズに入れようか』といって銀色の三脚を据えられた。で自分は種板入りの鞄を開いて準備する。レンズに入ったのは呉羽山を背景にした一本榎と荷車の用意をしていたお百姓である。

撮影手順はこうだ。狙う目的物をカメラの擦りガラス上に見つつ、影像の大きさをカメラの前後移動により加減、三脚を固定すると、ピント合わせをした上でレンズにいったん蓋《ふた》をし、種板（未使用の乾板）を嵌《は》めた取り枠をカメラの擦りガラスの前へ装着、取り枠に仕組んだ遮光板を引き抜き、レンズ蓋を外してシャッターを切る（ゴム玉を握るか、ボタンを押す）。

図は二枚のガラス乾板を装着できる取り枠。開けると真ん中の仕切り板をはさんで左右に硝子板の厚みの取り枠（図の黒い面）があるからそこに乾板をはめ込む（感光剤を塗布した側をレンズ側に）。乾板を受ける黒い面は遮光板で、閉じれば両面は木枠の四辺に彫られた細

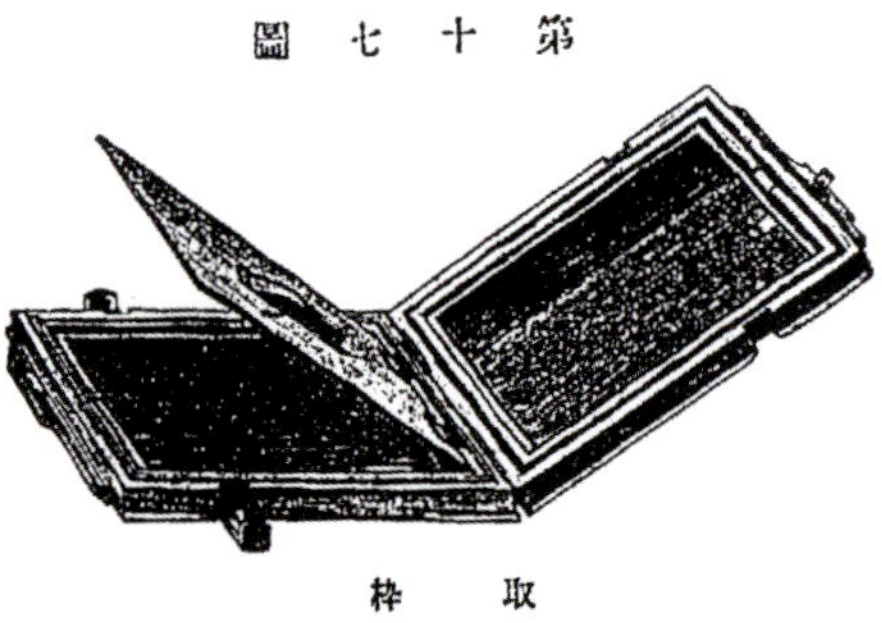

鴨居武『最新写真術』明治45年・丸善刊より

溝に嵌まり光を遮断する。遮光板を引き抜いてシャッターを切る。

取り枠に未使用のガラス乾板をはめるにはもちろん暗室が必要。両手を突っ込んで小さな暗部をつくりだす布製の暗箱もあるが、ここは出発前に暗室で装てんしてきた取り枠を何枚か鞄に入れている。

お百姓さんを撮ったカットはなぜかアルバムにないので、新聞掲載の不鮮明な写真を見るしかない。お百姓さんはこちらを見つめている。カメラと被写体は十メートルと離れていないだろう。シャッター音を聞いているかもしれない。

シャッタを切って器械を仕抹《しまつ》しかかるとお百姓が発見した。そしてキョロキョロ我が一行の動作をあやしそうに眺めている。お百姓はレンズに撮られたことを感ずいたらしかった。

お百姓さんが怪しんでいる。器械がカメラであると知っているのだろう。器械が自分の方を向いていた、音がした、自分に何が及んだのか、おそらく分かったであろう。

生き物は見られることを感じる。アフリカ紀行のテレビレポートに映る縞馬は、ライオンが狙って草むら

からみつめたとたん、なぜかキョロキョロと辺りを見回すことがある。偶然とはとても思えない。

人は人をジロジロ見てはいけない—古くからのタブーである。他の生物から見つめられて生ずる最も基本的な感情は《恐怖》であろう。肉食動物に狩られた記憶は今も生きている。気づかれないで人に近寄ればまさに動物的なその恐怖をよびさますだろう。そうなってしまった相手に、友好のサインを贈っても効き目は小さい。まず近づくことを気づいてもらい、その上で友好を示す《あいさつ》を送るのが礼儀。

日本人の挨拶は丁寧なようだ。渡辺京二の『逝きし世の面影』に、これほど洗練されたあいさつを交わす国民は世界のどこにもいないと、イギリス人が慶応二年（一八六六）の横浜で見たことを記している。ジェフソン＝エルマーストという英国艦隊の軍人。

「下層階級にあっても、知り合いが街で出会うと、近づく前にたて続けに二、三度低く頭を下げ、例のごとく鼻でシューシュー音をたてながら挨拶する。別れ際には、お世辞やら誰々によろしくなど言いながら、おなじことがまた繰り返される。」

この軍人がじっと人を見つめる男の話をしている。

「日本人で、茶屋に寄らずに通りすぎるような心の持ち主を見たおぼえがない。……金がある奴はお茶か酒、たいていは後者を一杯やる。金のないのは腰掛けに坐り、他人が一杯やっているのをじっと見つめてご満悦なのである」

ご相伴に預かるかもしれぬなどとはまったく期待しない、無心に見つめてご満悦というシーン。こういう眼差しは絶滅してしまった。現代の私たちは《無心》を証し立てることは困難なので、見てすぐ視線をどこかへひるがえしてしまう。夏目漱石は『坊ちゃん』で「赤シャツがホホホと笑ったのは、おれの単純なのを笑ったのだ。単純や真率《しんそつ》が笑われる世の中じゃ仕様がない。清《きよ》はこんな時に決して笑った事はない。大いに感心して聞いたもんだ。清の方が赤シャツよりよっぽど上等だ」と書いている。ここに出る《単純や真率》は「無心」と近い心の在り様であろう。清の育った江戸という時代にそれは確かに存在した心である。

カメラ撮影がその登場の直後から日本の人々にひどく嫌われた（らしい）のは、ギョッとするほど強烈なマグネシウム閃光のこともあるが、ジロジロ見つめられるということにも因《よ》っているだろう。明治初期には「カメラに撮られると寿命が縮む」としきりに云われた。明治末期のこの頃も「三人で写すと真ん中の人は夭折《ようせつ》してしまう」と盛んに言う人がいて困ると写真師

鹿島町の小路。突き当りに一本榎が見える

がほかの記事で答えている。カメラに見つめられ、さらに印画紙上の影像となって誰か知らぬ無数の人に見つめられていく、影像となった人は視線を浴びるだけの存在になる。ジロジロ見られて反撃のできない無力な存在となれば、それはたしかに生命にかかわる問題であるが、人々はしかし、生きているように姿を再現されるのに惹《ひ》かれもして、相反する二つの感情を生きてきたということであろう。

一行は素知らぬ顔して磯部堤を伝うて八尾街道へ出る。長柄《ながえ》町の町端を流れている川へ若い婦人が数名洗濯に入ってギャラギャラ話し合っている。『久米仙《くめせん》ではないがレンズに撮ったらよかろう』と発議したが、『三脚を立てたら逃げ出すだろう』と笑いながら翁は答えてサッサと進行を続けられる。

堤防の上へと歩を進めて二人は、荒涼と広がる神通川を見渡したであろう。対岸の堤まで六百メートルはある大河。地図を見れば、二筋ある流路の広い方は百

メートルを超えている。飛騨にまで遡って一つもダムのない時代、河水は満々と流れて、藍よりも濃い紺青の水色であったに違いない。ダムのいくつか出来た一九三五（昭和十）年ころでも、大橋から川面を見下ろせば「青黒い激流が橋脚にぶつかり、うずを巻いて逆流し、白泡を噛んで奔騰《ほんとう》していた」と歴史家の廣瀬誠氏は記す。今の河は水量も水勢も激減している。

　堤防を南へ伝っていくと、富山町から八尾へ向かう街道に出会う。そこは長柄町の南端で、小川が流れている。富山の東の大河・常願寺川の伏流水として太郎丸辺で湧き西へ横断する四ッ屋川と、南から流れてきた冷（つめた）川が師範学校のすぐ左方で合流し（地図では冷川が見える）、神通川に注ぎ込んでいた。

　十月の午前のまだ冷たいだろう川で数人の若い女性が《ギャラギャラ話し合って》洗濯している。町内の井戸端でも毎日のように炊事で顔を合わせ、談議に花を咲かせる女房仲間に違いない。井戸端なら若きから老寄まで広い顔ぶれがそろうが、小川の洗濯はオムツ洗いからか、若い女房がそろった。赤子自慢から姑批判まで互いに精いっぱい笑いを誘うべく談議の花を咲かせる—この楽しみは古今を問わないだろう。井戸端では年増女房連の話し上手に聞き惚れるばかりだけれど、今日は若女房連だけ、発話し合い、人を笑わせる練習場にしているに違いない。

2万「富山」明治43年

「久米仙《くめせん》ではないが」と言うが、つまりは《久米の仙人》と同じ関心。大和の国で空中飛行の術を学んでいた仙人が、吉野川の岸辺で洗濯していた若い女の白いハギに見ほれ、神通力を失って墜落、その女を妻として俗界に帰るという、「今昔物語」や「徒然草」などにある伝説。月嶺は彼女たちの白い素足に目を止めた。川中に入っているから着物の裾をからげて、脛《すね》といわず膝上まで覗いてまぶしいのではないか。

幕末から明治にかけて日本を訪れた外国人の観察によれば、日本の女性たちは脛どころか裸体を晒して平気だった。たとえば一八五四年の下田を訪れたペリー艦隊の通訳ウィリアムズは「婦人は胸を隠そうとはしないし、歩くたびに大腿まで覗《のぞ》かせる。男は男で、前をほんの半端なぼろで隠しただけで出歩き、その装着具合を別に気にもとめていない」と記している。お風呂も混浴。セックスについても開け広げで、子供たちは男女の行為を早くから知っていた。もちろん、久米仙人の説話が日本にあるように、女人の体が男性にとり強力な性的魅力を有することは東西を問わない。日本女性は自身の魅力を抑圧することはしないで、それを開放していた。明治も末であるが、上流婦人はいざ知らず、一般女性にそういう羞恥心はまだ大きくなっていないと思われる。筆者は射水平野の農家の少年として一九五〇年代を過ごしたが、母親など近隣の主婦は胸を隠そうとしなかった（ブラジャーがない）し、下半身は腰巻だけであった。そのことを恥ずかしいことも記憶していない。明治のこの時、彼女らはカメラに撮られるのがともかくイヤというのであろう。

木切り器械の運転でけたゝましい音響を伝えている材木会社を横に見て、旧有沢橋の跡へ行くと、渡船場があって今しも人や俥が便船へ乗り込もうとしていた。騒々しいところをレンズに入れて川を越えた。先日の大洪水で流れた有沢橋の残骸は三合《さんごう》の島に打ち上げて当時の惨状をなお止めている。

旧橋跡には新設架橋の工事に数十名の男女人夫が『巻いた巻いた』の掛け声で橋杭を打ち込んでいる。

材木会社は佐藤助九郎という土建業者がこの前年（一九〇九）に創設した会社で、挽いた板材を県下一円、京阪神に販売している。他日の記事によれば「三

▼浸水中の愛宕廓附近（昨日正午）
床上四尺以上の浸水凄まじ

▼欠潰せし有澤堤防（昨日正午）
兵士警官水防夫等の防水奮闘

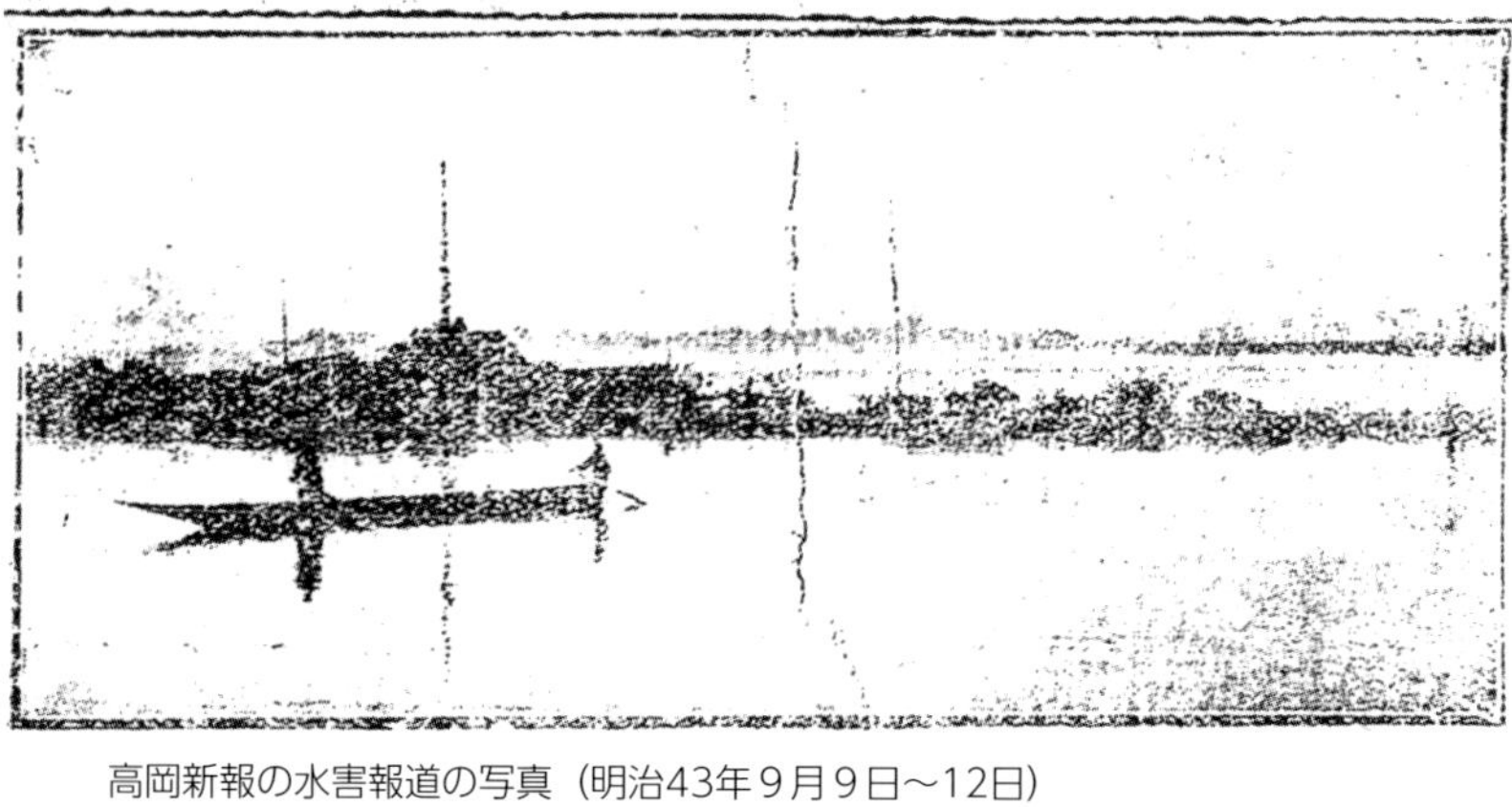

滿水せる磯部裏
長蛇の如きは流失せる有澤橋

高岡新報の水害報道の写真（明治43年９月９日〜12日）

千馬力のタービン式蒸気エンジンを据え付け、丸鋸《まるのこ》、縦鋸二個の挽き割り機械」を動かして「沖天《ちゅうてん》にそびゆる煙突より濛々《もうもう》たる黒煙を吐」くらしい。「有沢橋を距《へだた》る約半丁」と位置も記すが、地図の橋付近には記されていない。地図測量後に創設されたためだろう。

　飛騨は上宝村の官林から年々数万本を伐り出し、丸太二十本の筏に組んで神通川を流し下ろす。工場横に着くと数十名の男女工が入り乱れ、長柄の鳶口《とびぐち》で大きい材木を引き掛けて「エンヤラヤッ」と節おもしろき木遣り節を唄いながら陸揚げしている、という。

《先日の大洪水》は一カ月前、九月七日のこと。豪雨があって神通川は五メートル近く増水、富山連隊の出動もあったが、ついに磯部や愛宕辺の堤防が決壊して各町で浸水となった。夜には上流の飛騨宮川が四メートルを越えてますます増水と電報があり、富山全市が濁水に包囲されると危惧されたが、八日になって平水に戻り事なきを得た。有沢橋と桜橋が流失するという未曾有の洪水で、三百三十メートルの有沢橋は流下して中洲に打ち上げ、「長蛇のごとく」横たわっている。

また、神通川の川床がにわかに高くなり、神通橋の

洪水翌月に緊急出版された『神通川洪水写真帳』の一場面「旧鉄橋流木停滞」

下は流れが絶えてしまった。九月末の記事に、船運がストップして周辺村から毎日持ち込まれる「米、炭、薪、蔬菜（とりわけ数千万本と予定される大根）」が停止、市内から日々出される肥《こえ》取り船まで動かなくなって市民は大弱り、千数百人の船乗りたちも青くなって通船できるよう、高くなった川床に幅八メートル、深さ一・五メートル、長さ三百メートルの水路を掘割る工事に毎日四百人が出ているとある。毎日の食べ物とエネルギー源のほとんどが河川で運び込まれていることを市民たちは痛感したであろう。

とにかく県では渡し船を仕立てた。八尾・富山間で神通川を渡るのは藩政期以来ここ「有沢―布瀬」の船渡しで、一八九二（明治二十五）年には架橋された。朝四時から晩の十一時まで渡すが、このごろは五時前から客が来る、朝の六七時ころは一番混み合うので、二十人乗りが油断をすると二十五六人は乗っている、二艘動くので平均一時間に四度は渡す、一日に千人は乗せよう、厄介なのは人力車、二台乗せたらもう一杯、八尾通いで芸者の乗るのが多くて困るなどと記す。

江花が写して新聞に掲載されたものにも「人力車」が乗っている。二カ月ほど後の新聞に、この渡し守が図太くて通行人が迷惑していると非難記事が出る。夜間は通船を頼むもなかなか応じず、はなはだしきは予定の地点に到らずして川原へ乗客の置き捨てをくわすことしばしばというのである。

「有沢橋の渡舟場（一）（江花翁のスケッチ）」明治43年10月27日の高岡新報

新橋の建築が始まっているが、別記事によれば竣工は来春一月になるらしい。橋杭を打ち込む人夫の「巻いた巻いた」の掛け声が、記者によって書き留められている。杭を打つ重しの材木を巻揚げる掛け声。一人が音頭をとり、一同が口をそろえて合唱しながら巻揚げた綱を放す。「ちょっとでも動いたり努力したりするまでに、一分間あるいはそれ以上のあいだ歌を唄う」のは「時の浪費」ではないかと、外国人の観察記に合点のいかないものとして記される場面だが、『逝きし世の面影』の渡辺京二は次のように説明している。

「作業のリズムをつくり出す意味もあろうが、より本質的には、何のよろこびもない労役に転化しかねないものを、集団的な嬉戯《きぎ》を含みうる労働として労働する者の側に確保するためであった。」

人夫らにはむろん日当が払われている。先の材木会社の木遣り節も含めて、近代的な観念からすれば非能率きわまりないが、労働は彼らの主体的な生命活動という側面を有していた。賃金とひきかえに計量化された時間単位の労役ではない。日本人がただ悠長な働き振りであったのでないことは、次の「行き当たりレンズ」の中で記そう。

「工事中の有沢橋」明治43年11月14日の高岡新報

『さて、ここから何処へゆく』これは川原の評議で『井上の庭に菊花でも見に…』と一決して足を早めた。

井上というのは、これより少し南の御門（みかど）村に住む、前貴族院議員・井上清治氏（一八四四〜一九一三）のこと。戦国期に活躍した越中守護代・神保安芸守に仕えた武将の子孫で、江戸期は十村役といって大庄屋を勤めた豪農の家、多額納税者をもって一九〇三年に貴族院議員に列せられた。

少しばかり行くと路傍に『富農園』の標札が立っている。外の文字は解らなかったが『富農園の支所でゝもあろう、太田君は来てはいまいか』と門を潜って玄関に立った。

郡農会技手某君の屋敷で門前の標札は広告だとのことであったが、屋敷の周囲が農園で、各種の草花は今を盛りと色を競うている。自分は翁が教えたハイカラの草花（名は忘れた）を二本手折って、翁は背広の縁に自分は中折れ帽に一本ずつを挿し、主人に別れを告げて出発した。

「富農園」は富山県農事試験場（堀川村）にある大農園のこと。江花はそこの技師「太田君」を先月取材したばかり。「九月二十四日の朝」とある写真がその折のもので、記者の月嶺と黒龍、そして温室内の鉢植えが写っている。試験場は新品種の草花や作物を栽培して管理法や肥料、害虫対策などに目処をつけ、一般の人に勧めていく役割を担っている。「太田君」は「勧業育種場」を明治十七年に県から委嘱された人で、二十三年に農事試験場と改称された後も勤務を続けている太田仙次郎氏のことであろう。

家人に聞くと、ここは郡農会の技手さんの屋敷であった。農会というのは農事改良を目的とする半官半民の団体。大日本農会のもとに県別・市町村別の組織を持ち、国の補助金を受けている。「富農園」の標札を広告に上げているというから、街道に面する家である。有沢橋からまっすぐ西南に向かう八尾街道の「羽根新」あたり、矢印の家がそれか。

秋もたけなわ、草花が咲き誇っている。ハイカラというから洋花だ。明治末期、西洋からたくさんの作物が移入されている。オランダ苺やキャベツ、トマトな

どの新野菜、リンゴや葡萄の果樹、草花で秋咲きなら
コスモスやヒナゲシ（虞美人草《ぐびじん》）フロックスなども。
農事試験場は二年前、福野町から富山市郊外の堀川

「九月二十四日　県農事試験場温室内、月嶺・黒龍」この取材は26日に「園芸品評会の出品」と題して11月５日～８日に開催を告げる記事となっている。

2万「富山」明治43年

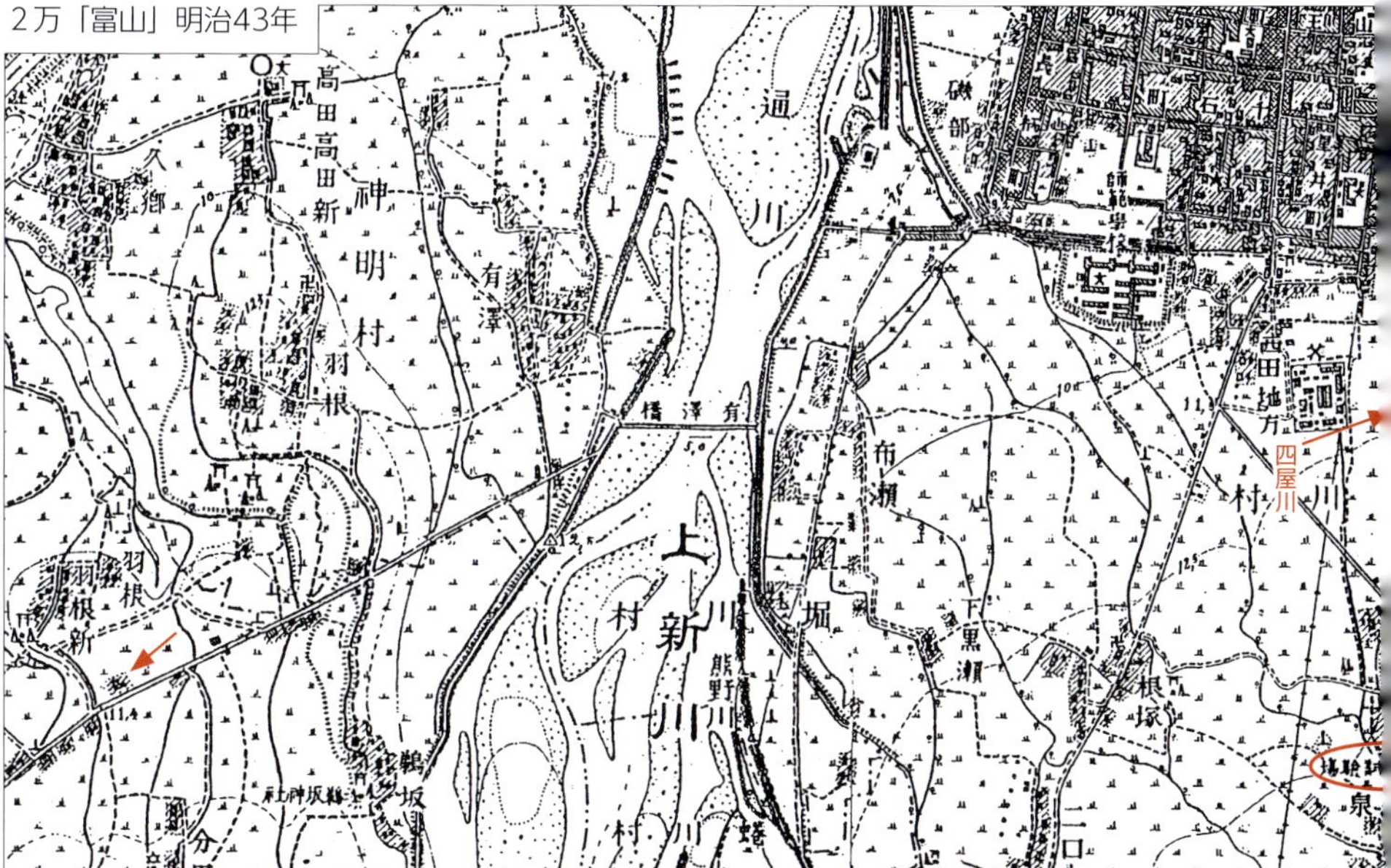

村に移転、「稲・麦・藺草《いぐさ》・果樹・蔬菜・養鶏」の大規模な試験栽培が開始されている。地方改良運動が始まり、農事振興が叫ばれている。市内の花屋には西洋花が並び、新聞には好事家の庭や試験場での栽培ぶりがひんぱんに紹介されている。

　江花は大の園芸好き。借家に懲りて一軒家を買うにいたったのも菜園好きにあった。一九〇三（明治三十六）年七月の彼の日記をみると、三日は「火鉢の抽斗《ひきだし》にありたる何の種とも知れざるを試みに蒔く」四日は「昨日午後、寓居明け渡しの要求ありたるため、せっかく今日まで世話したる畑を棄て去らざるべからざる運命を悲しむ。実は昨年も鹿島社畔の家にて畑を作り、胡瓜まさに成らんとする頃、今の家へ引き移らざるべからざることとなりしが、今年もまたかかる憂き目に出逢わんとは」とある。江戸期から連綿と続く日本人一般の園芸好きを彼は体現しているようだ。月嶺よりはるかに草花の名前をよく知るようだ。

　驚くのは、彼らが摘んだ花を背広の縁に挿《さ》し、中折れ帽に挿すことである。古い新聞記事を探すと、一八九六（明治二十九）年五月の「富山日報」にもかざ

富山県農事試験場（明治42年『富山県写真帳』）明治22年奥田村にて創立、福野町に移転、明治41年に堀川村に転じた。「稲・麦・藺草・果樹・蔬菜・養鶏」の試験を行うとしている。

す男が出てくる。「逍遥子」とペンネームがある「貝ひろい」と題する文の次の部分である。

「…郊外ぶらつかんと例の通りぶらりと寓所を飛び出した。さてこの日は夏服夏帽と出かけて、その麦帽の鉢巻の間には薔薇の花一輪を挿していた。ために床しき香りは身の辺りにさまよっている。と言ったとて読者諸君は笑ってはいけない。何も逍遥子が洒落《しゃれ》るでもなく粉飾《かざ》るでもなく、色男でもなければ、むろん女に惚れられるでもなく、ただ美を好むという一点で花を愛するという優しい心があるので、子供のように野に出でて花を摘むのもそれ故である。なんと諸君、世に花ほど優美なものはありますまい。世の人が凡て花のようであったら世界は実に楽園である…」

気障《きざ》な奴と笑われかねない格好と分かっているけれど、それでも花というものが好きでそうしてしまう―まことに《子供のよう》な、江戸期から続いている純真の吐露である。百年前の人々はナイーブであった。花好きがかくも嵩《こう》じているのには歴史的な気配を感じる。一八七四（明治七）年に来日して築地で病院を営んだフォールズが記している。

「日本人は美しい景色だけでなく、花も大好きなのだ。むっつりとした顔つきの車夫が、がたの来ている人力車の梶棒をおろし、まるで小学生のように両手を拡げて丈の高い花叢へかけこんだとき、私はそれほど驚きもしなかった。熱狂の発作がいくらか鎮まると彼は、腕いっぱい、明るい黄色や白色のキク科の花や、オレンジ色の百合や、たくさんの美しい真紅の実のついた優美な枝を抱えて戻って来て、それで彼の車を飾った。」

富士山麓を周遊したときのことだという。車夫が両手を拡げて花群れの中にとびこんでもこのイギリス人は《それほど驚かなかった》。そんな情景はここまで何回も繰り返されたからだろう。主筆の井上江花はペンネームに《花》の字を入れて花好きをまっすぐに現す人である。薔薇の一輪を背広の襟に挿してなんの衒《てら》いもない彼をみると、いつの間に花に対し男女の意識変化に違いが起こったのかと思う。そして何より、純真や真率をとりかえしたいと思う。

道中話は種々様々。活動写真式に出てくる出てくる。

《活動写真式に出てくる》というのはどんな様子を指すのか。この五年前、一九〇八年八月二十七日の「お馴染みの活動写真」と題する記事を読めば、少しは理解できるかもしれない。

「当地では小学生にまでお馴染みの評判をとっている横田商会の活動写真会は一昨夜より福助座に開場。初日から締め切りの好況である。写真は大小十七八枚も見せるが、例によって明瞭にして珍奇なものが多い。殊に米国一周、韓国風景、奇術金貨国、および『忍びの名人』のごとき誠にお手のものと云わねばならぬ。『忍びの名人』は最初フランスの市街で通行中の婦人の手提げ鞄を掏《す》り取った賊が二名の警官に追いかけられて、ある時は鉄柵の間を煙のごとくに潜り抜け、まさにひっ捉えられんとして二十個あまりのボール箱となってしまい、あるいは桶に隠れ込みて傍らの穴より蛇となって逃げおおせるなど、その変幻の妙、よくまァこんなに嘘を真にして見せるものだろうと感心せざるを得ない」（富山日報）

富山市二番町にあった「富山電気館」
（『名所と美人』大正４＝1915年）

会話というのは、口から少しでまかせに知識や記憶の危うさを楽しみ、その場で確かめ得ないことを口の端に乗せてスリルを味わうもの。話が途切れたら道中の嘱目するものへ話題をカラリと変えられるし、話の前後が合わなくなり万事休すと思うところも、警官に追われる賊のように綱渡り的に話題をつなぐ。幾十の断片を自在につなげていく映画のよう、まさに「変幻の妙」ではないか――。

鵜坂の学校近くになると、路傍の小丘石垣上の

石碑の蔭に軍人が付け剣で立っている。翁は『ヤァ、珍だ珍だ。どうだいこれは』と大きな声で語りつつ三脚を取り出し、恍惚として見てござる。軍人と想ったのは石像である。その形容ときたら実に珍！　レンズに収めざるを得ないものだ。翁は活動を開始して遂に軍人を薬籠中《やくろうちゅう》のものとした。

鵜坂小学校は八尾街道の上田嶋、地図に「文」の印があるところ。隣の〇印は鵜坂村役場である。小学校の手前、進行方向の右側に「⊥」印のある三叉路が見

日報畫譜（百八十五）
百鳥なくや雑木の中の古社
（婦負郡鵜坂神社）

明治43年11月25日の富山日報

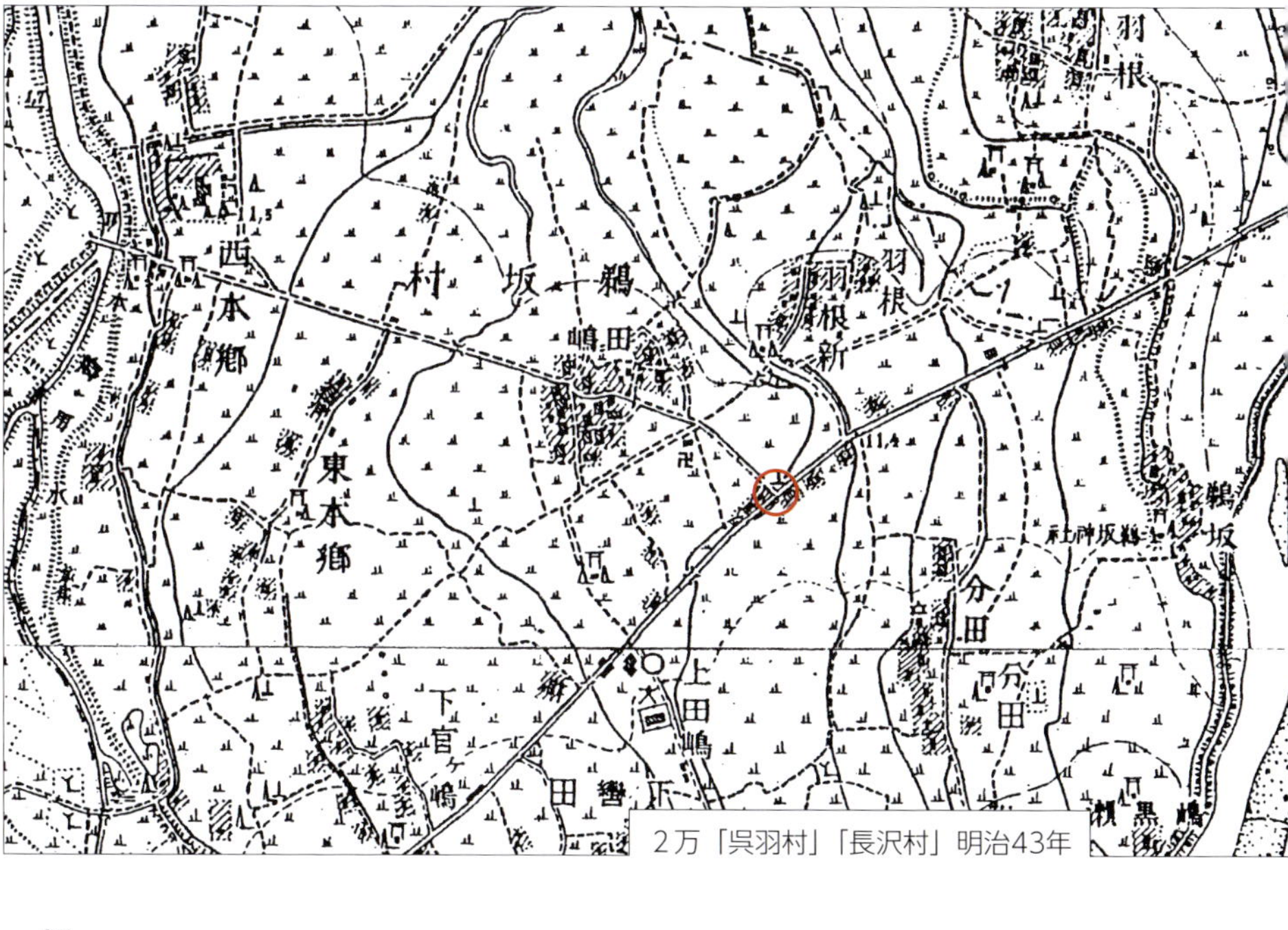

2万「呉羽村」「長沢村」明治43年

えるそこに、二体の軍人の石像が並んでいる。現在は四つ角で、「田嶋」の信号機がある。

漢文で日露戦での様子を記した石碑がそれぞれの石像の前に立ち、どちらも明治三十九（一九〇六）年九月仲旬の建碑と刻まれている。右側「嶋崎勇次郎」は明治三十七年に再応召、鴨緑江《おうりょくこう》岸で四月に戦死、享年二十六歳。左側「佐々木佐市」は遼陽《りょうよう》戦で負傷、いったん帰郷して療養、明治三十八年六月にサハリン〈樺太〉へ転戦、コルサコフ（大泊）付近で戦死、享年二十四歳だった。どちらも近衛歩兵上等兵で、銃弾に倒れたとあり、武功を立てた人にしか与えられない金鵄《きんし》勲章（功七級）が授けられている。

現地に立ってみると、並んで真南を見つめる二人の兵士像は異様な迫力がある。碑文に「痛惜《つうせき》おくあたわず、ついに君の像を石に刻みもって後昆《こうこん》に伝う」とあるように、生きていた時の当人をまさしく眼前させる彫像である。小高い石垣上から彼方を見つめるその姿は、手の届かぬところに逝ってしまった者だけがもつ遥けさに満ちている。

そんな像を見て江花は「珍だ」と大声に云う。たしかに類例は少ないらしい。砺波市の石像研究家の尾田武雄氏によれば、兵士の姿そのままを刻んだ石像は県内で四体しかないという。遠い異国で戦って死んだ若者の魂を家族が慰めようとするとき、その生き姿を兵

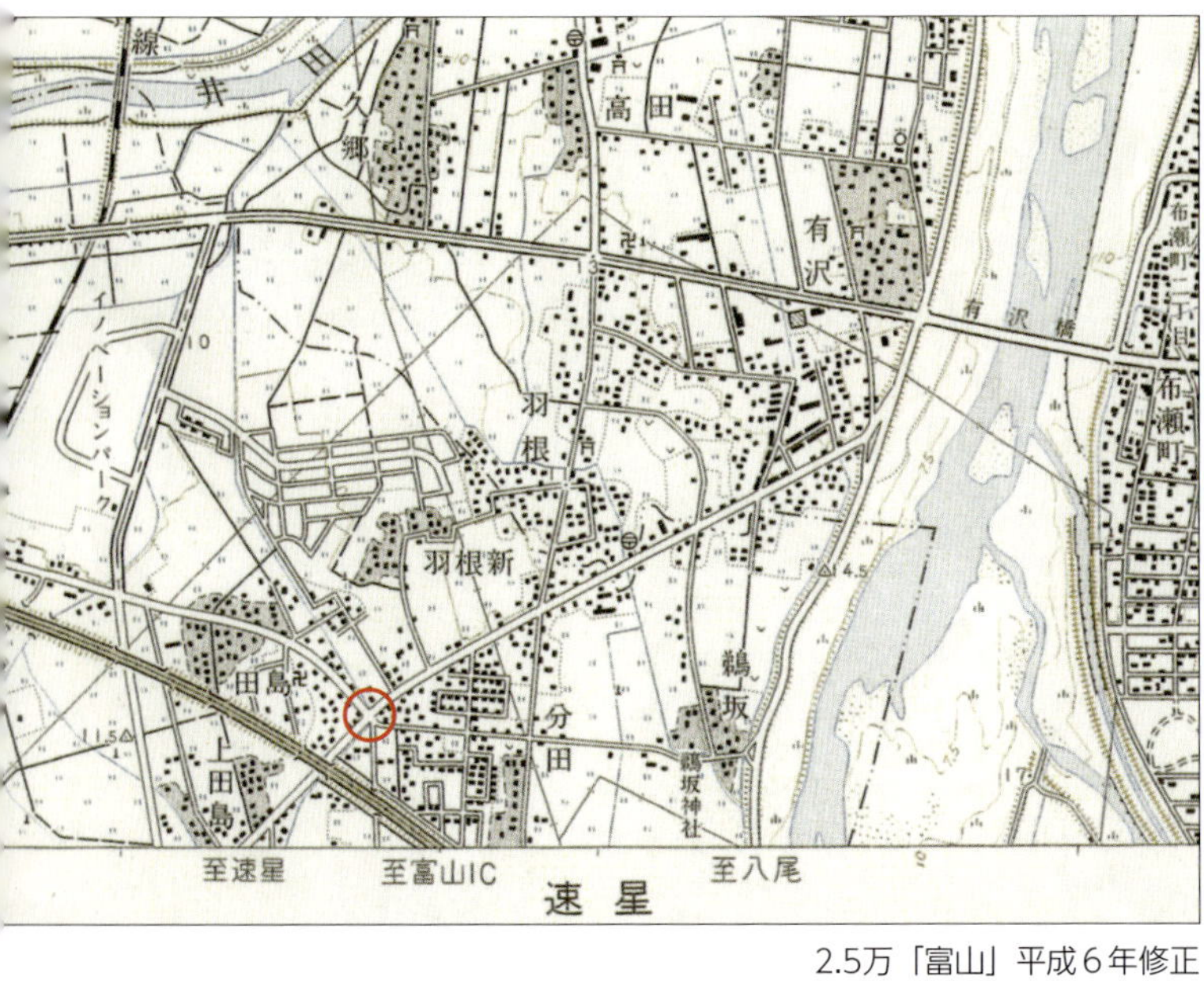

2.5万「富山」平成６年修正

江花の撮影した日露戦没兵士像。下は現在の様子

隊姿で眼前せしめて戦死を強調したいというのは珍しい衝動ではない。十万余の戦死を数えた日露戦においてそうした石像がもっと存在していいと思うが、そうならなかった。訳があるようだ。

建碑された一九〇六年九月の地元新聞では高岡新報は残存紙がないので、北陸政報を見ると、戦役から一年もたっているのに、誰それがどんな戦功受勲という発表記事で埋まっている。金鵄勲章を受けた戦死兵士二人同時の建碑だからニュースになっておかしくないが、前後一カ月の紙面のどこにもその報道はない。だが、九月二十七日、注目すべき記事が載っていた。

「寺内陸相の訓示　戦役における戦病没将卒のため各地に招魂祠もしくは紀念碑を建設するは美挙なるも、将来の維持上に関し深く懸念するところありとなし、定規によるかまた特別の事情あるもののほか断然これを止むるにしかず」

日本各地に始まった建碑について、陸軍大臣がこれを止めよと訓示を発している。将来の維持上の懸念とは何か、続けて次の文言である。

「この役に殉ぜる将士無慮《むりょ》数万人はみな諸種の栄典と

○寺内陸相の訓示　今回寺内陸軍大臣は三十七八年戦役に於ける戦病歿将卒の為め各地に招魂祠若くは紀念碑を建設するは美挙なるも将来の維持上に関し深く懸念する所ありと為し定規に依るか又特別の事情あるもの丶外断然之を止むるに如かずとの意見にて左の如き訓示を発したり

三十七八年戦役は実に空前の偉業にして帝国最大の紀念と為す而して此役に殉せる将士無慮数万人は皆諸種の栄典と靖国神社合祀の恩命を拝し其芳名万世に朽ちず蓋し死者冥より憾なく遺族故旧亦以て其意を安ずるに足るべし

然るに近者各団体若くは軍人相結で此等殉難者の為招魂祠、紀念碑等を陸軍用地に建設せんとするの挙ありと聞く固と是れ戦友故旧の遺族を追慕し忠君愛国の亀鑑を表彰せんとする至誠敬虔の衷情より出たるものにして深く諒察すべきものありと雖も既に官幣社に合祀せられたる英魂は赫灼として帝国の光栄と共に長へに光輝を無窮に伝ふるに余りあり彼の私資を醵て如此の企を為すの要あらんや況や一部団体の力一時能く祠碑を建立し得るとするも其保存維持の法未だ必ずしも確実なる能はざるの事情なきに非ざるに於てをや他年若し桑蒼の変に際し之が保存の道なきに至らば独り企業の精神を貫徹する能はざるのみならず反て忠魂神威を瀆すに至るあらんも亦た知るべからず豈深く思はざるべけんや

以上の趣旨に基き定規に依る合葬墓碑若くは特別の事情ある建物の外各地に於ける招魂祠、紀念碑等の設立は一切之を止むべし

明治39年９月27日「北陸政論」

靖国神社合祀の恩命を拝し、その芳名万世に朽ちず。けだし死者もとより憾《うら》みなく、遺族故旧《こきゅう》またもってその意を安んずるに足るべし」

国家が「英魂」として既に「靖国」で祀ったのだからそれで安んじるべきである。死者にはもとより憾みなぞないのであるし、遺族や旧知の人が靖国のほかに慰霊を重ねることは、靖国合祀をおとしめることになる―これが陸相の苦しい理屈である。

実際、十万余の戦死者の遺族一割でもが建碑を企て日本の津々浦々、兵士の石像が明治天皇のいる江戸城の方角に向かって立ち並び始めたら―陸相には恐ろしい光景であろう。死者に《憾み》はあるかもしれないのである。維新政府はそれまで村ごとであった支配を一人一人にまでおろし（課税）、それをもって国民国家の樹立としたのであるが、統治の源泉においた天皇制がこの兵士像の無数の建碑によってゆらぐのではないか。危機感を権力者たちは抱いたであろう。召命した天皇との対峙を具現化する姿になりかねない兵士像―規制にどんな理屈が可能か、陸相らは苦慮したに違いない。想定外の事態であったろう。

「（陸軍用地での建碑はもちろん）一切これを止むべし」と命令形で終わる先の訓示は、民有地の建碑についても強い影響力を発揮したに違いない。田嶋村のこの碑銘は「九月仲旬」と誌されているから、九月二十七日の数日前と思われる訓示のときは建碑されてしまっていた、そして、建碑のニュースは訓示により新聞で規制されたということであろう。

八尾街道のこの三辻がなぜ建碑の場に選ばれたのか。笹本正治「辻についての一考察」によれば、街道の三辻・四辻は「この世におけるあの世の露頭《ろとう》」する場所、さまざまな霊や神様が集まるところという。人間がそれらと交信できる場所ということだが、善霊だけでなく悪霊も集まるわけで、地蔵がよく辻に置かれるのは悪霊を鎮めようとしてのことという（『民間信仰と民衆宗教』所載・一九九四年刊）。逝った者たちがこの世を覗くという辻にこの碑は建てられた。この世の者がどんなに悼んでいるかを死者たちに見せようとする、地蔵を置くような心意が働いていると思われる。

田嶋村の佐々木・嶋崎両家から五百メートルと離れていないこの辻地は、両家の心意をくみとった「村」

による提供地であろうか。現在もこの碑にはお参りが続いており、お盆後の碑前に灯明の跡が見られた。

江花の撮った写真と現在のを見比べてみよう。左の佐々木氏像は屋根のついた厨子（木製か）に入っていたわけだが、歳月の中で厨子は腐朽したのだろう、現在は頭上や背後を大きな石板が守る石像として立っている。江花の撮った写真はよくよく見ても、石像が現在のような石板を背負っているかどうか見えにくいので、筆者は何度も確かめにいったが、石板と石像は大きな石から彫りだされた一体のものである。当初からこの姿で厨子の中にあったと思われる。

右の島崎氏像は、白黒写真だが、黒い軍服の彩色がまだ鮮やかなのが見て取れる。二つの像の間隔は当時より今の方が狭くなっており、石垣の上の岩組も小さく組み替えられているようだ。佐々木さん宅の話では前の道路が拡幅舗装化されたときに（一九五〇年代）組み変えられた、石垣の前に育っていた柳の大樹は伐られた、軍帽に塗られていた赤い部分もすっかり褪《あ》せてしまった―という。

碑文の撰者は隣村（西本郷）の漢詩人・岡崎佐次郎

（一八六一～一九三九）。ここら一帯の大地主で、建碑二年後の一九〇八年には衆議院議員となった人物。
敗北とならなかったのが奇跡のような日露戦争で

旧岡崎家の屋敷（天正10＝1582年～昭和33＝1958年の400年間、西本郷にあった。『婦中町史　通史編』1996年刊より）

あったが、情報統制下にある各紙は真相を知ることはなく、巨額の賠償金をロシアから取り損ねたと政府をさかんに批判した。江花の高岡新報もそうであったかどうか、当時の紙面が残されていず検証できないが、それから五年たち、江花は「やあ珍だ」と云ってレンズを向ける。この石像は戦争の中の小さな悲運にしか見えていないのだろうか。兵士像のリアリティに「恍惚と」なっても、粛然として悼むという心の動きはこの短文には感じられないが…。

　江花の「やあ珍だ」の一年前、石像の軍服帯剣の姿に「愍然《びんぜん》」となった記者がいる。一九〇九年四月の「藍田村荘の半日」という記事（北陸タイムス）、「浪々子」と署名する記者である。

「…有沢橋を通り越して、とある軍人の記念碑の傍らにゆく。従七位勲六等某の軍服帯剣が、屹然と立っている。これほどの記念碑を建てる親心、妻は戦場の犠牲に泣いたであろう、定めて頑是なき児も残されつらん、一人子であろうか、総領息子だろうか、実に憫然である、可哀想であるとつくづく思い巡らすうち、心はいつしか日露戦争の当時に返ってくる。吉野艦の沈没、旅順の敗軍、これらの悲報に接したとき、戦死将校の未亡人を訪うてその愁嘆を聴くごとに悲哀の涙にかきくれた情想なんかを浮べてくるとまた、開戦までは絶対の主戦論であったのが、旅順の惨報を悲しんでにわかに非戦論にひるがえったことなどを思い浮べてくる。峰にも尾にも春は充ちながら、ただ何となく秋風落莫《らくばく》の感に打たれて俥の上に泣きたくなる。《旦那さん、向こうの杜《もり》が岡崎様です》…」

見出しの《藍田》は岡崎の漢詩の際の号で、記者はその《村荘》を訪ねる途次である。石像兵士には妻子があるのではないかと、記者は泣きたくなるという。寺内陸相が建碑に抱いた惧れには、このような感受を人々に与え続けることや、非戦論に至ったことを署名入りで記事にする記者が現れるという事態も含まれたに違いない。リアリティある石像が強い影響力を持つことは、各地から軍部上層へ報告されたであろう。軍服帯剣姿など生前を髣髴《ほうふつ》させる造像は、「憾《うら》み」を懐胎する死者かどうか審問する機会を民衆に与える―軍部が「もとより憾みなく」と声荒げて民衆を威圧せねばならなかった所以であろう。

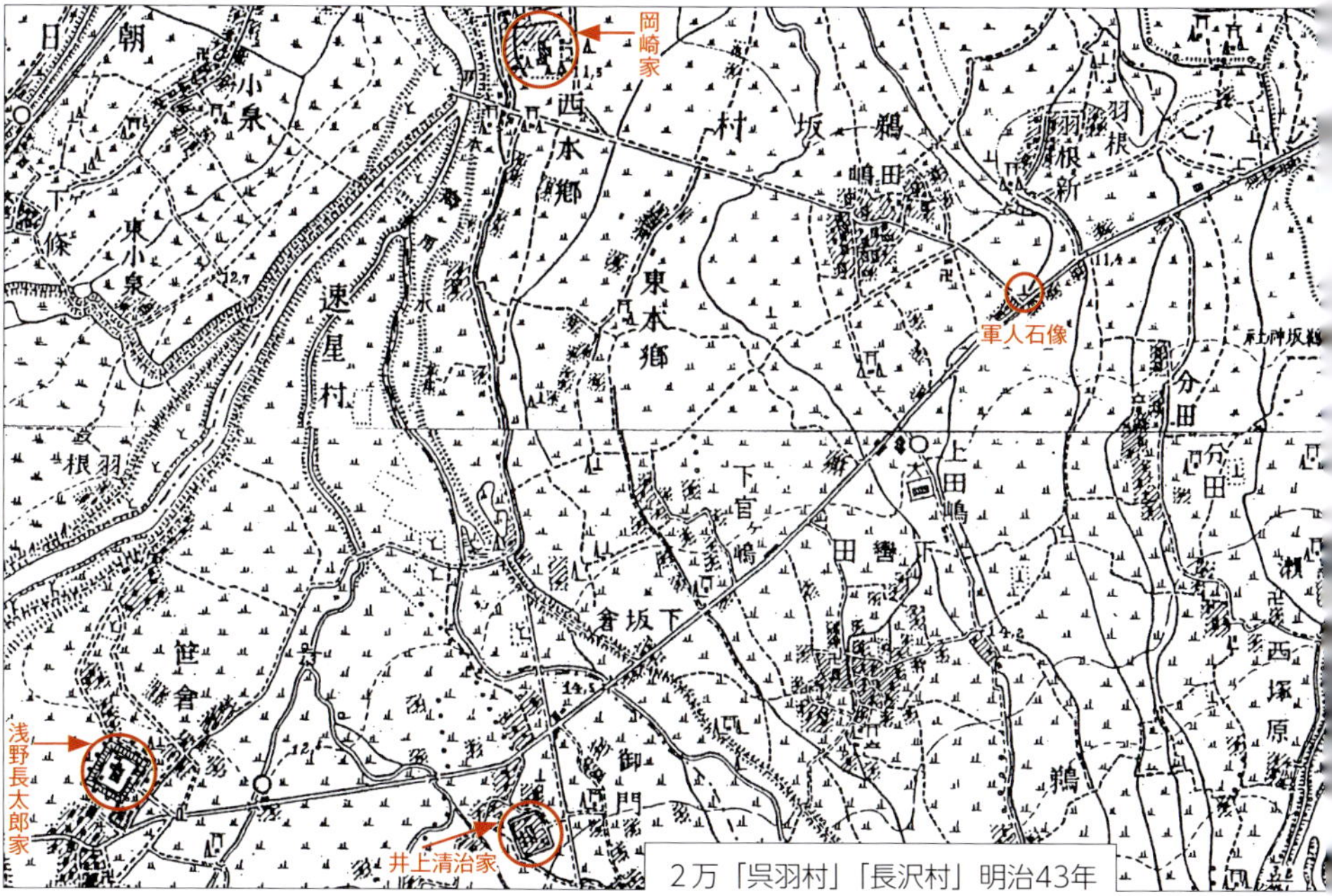

2万「呉羽村」「長沢村」明治43年

死者の魂は元来、三十年や五十年は遺族の家に近い山界に棲《す》み、毎年の盆に降りてくるもので、さらなる長い時を経てようやく死者たちは先祖神となって遠くへ去っていく、そう考えられてきた。だが、明治維新の前後、攘夷テロや戊辰戦争によって多数の死者が出るに及んで、天皇や為政者・藩主らは遺族の心を慰める必要に迫られ、長い時を経ずとも、戦死者だけはすぐに神となることができるとする法を編み出した。さまよえる死者の魂を一つ処に招き寄せ、祝詞をささげて神への昇格を祭主が保証する儀式、すなわち招魂祭である。最初の招魂祭は慶応四年（一八六八）四月、無血開城されて間もない江戸城において挙行された。生々しい死者たちの神々への昇格。こういう祭式として遺族たちへの慰霊は始まったが、肉体から離れて間もない死者の魂の、いきなりの神への昇格が遺族たちをいかに面食らわせたかは資料に詳しい。犠牲を強いたことへの天皇や藩主らの人間的衝動によるというより、幕藩時代の分立国家とは異なる、一人の天皇への忠誠を全国民に誓わせる必要から企画された面が強いといい、各藩の慰霊は江戸城のそれの後とされた。

江戸城の二重橋がまだ木造であった頃の写真

こうした最初期の神々に、これ以降のテロや戦争による犠牲者の魂を合祀していくというシステムは当初から想定のもので、招魂社（後の護国神社）が建立されたのはすぐ翌年の一八六九（明治二）年。合祀は、陸相訓示に「芳名万世に朽ちず」とあるように、死者の芳名を神銘に刻むことをもってなされる。名を記すという行為があり次第、肉を伴い、魂を宿した人間の憾みは煙のごとく消え失せる、失せてもらわねばならなかった。人間組織によって動く以上、憾みを生じさせることの全くない戦死者慰霊システムはあり得ないが、それでも「もとより憾みはなし」と陸相は言い切るほかなく、慰霊というものの困難がここにある。これ以外のどんな慰霊の形を想像することができるか、現代を生きる者に課せられた問いである。

二回連載の記事は（上）（中）と記しながら（下）は省かれ、ここで終わっている。この後、江花と月嶺は前参議院議員・井上清治宅を訪問したはず。後日の紙面にその庭園の写真が掲載されているし、写真の原板もある。庭先に「立てるは令息」とあるから、清治

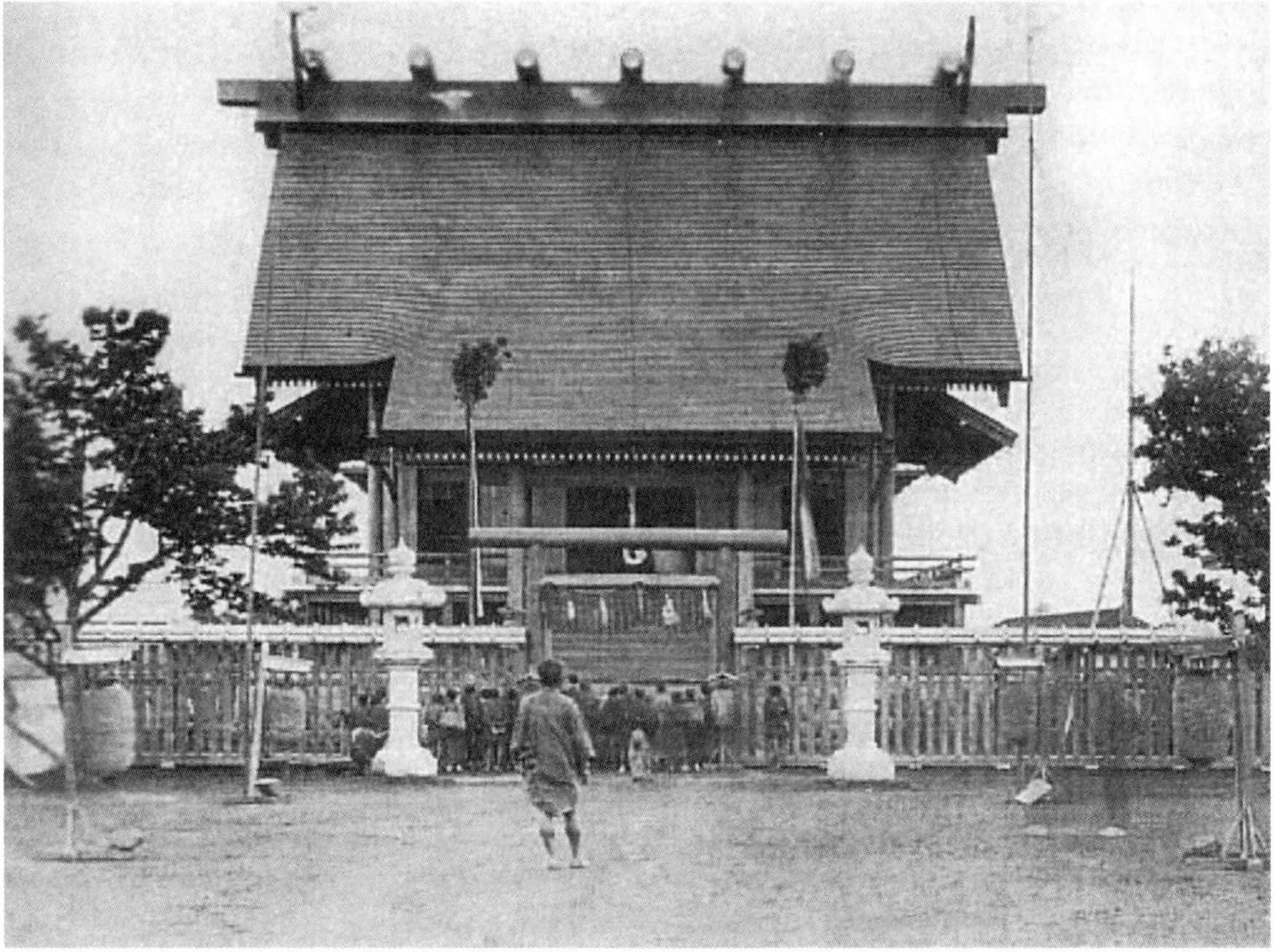

明治初年の東京招魂社（『写真に見る幕末・明治』世界文化社・1990年より）

の子息・清孝氏であろう。二宮尊徳の開いた産業組合のような結社「報徳信用組合」を富山県内で最初に組織（明治三十年代）した人という。一九二六（大正末）年には村長も勤めている。

井上家は二万分の一地形図にその屋敷が明記されるが、隣りの笹倉村に描かれる大きな屋敷は、井上と並んで多額納税者であった浅野長太郎家である。

神通川の榎集

一九一〇(明治四十三)年十一月九日から十回

江花の写真散歩は、鹿島町の自宅をスタート点にすることが多いけれど、自宅が鹿島町のどの辺なのかは分からない。先の「神嘗《かんなめ》祭の一日」では庭付き一軒家で、畑が家前にあることが分かったが、近所の様子、町の雰囲気についてはよく分からない。自宅から少し歩いて神通川土堤に出られる鹿島町は郊外と隣り合わせの町と言ってよいが、どのように田舎と接続されて城下町という広がりができているのか、住宅事情や環境を知っておくことは考察のうえで重要である。

「神通川榎集」はそういう意図をもって取り上げるが、その前に、住み具合をもう少し見ておこう。

　自宅購入前に住まっていた借家の図面は書き込みがある。図の右端、上に「この辺水害多い土地ゆえ建物は高い地盤で段々がついている」、下に「鉄砲町の家の裏の林しげる」とあり、町境と分かる。図の最下段に「鹿島町通り」、左に「神通川土堤」とあるから、図の上方が北である。「三海」という家主のその借家について、江花の夫人操さんが明治四十年「留守中日記」に記している。

「三海借宅より田圃を隔《へだ》てし向うに一むらの森ありて森の中には二三の人家あり。水車場への路なれば昼の間は荷車の外通る者なく、物売商人さえ多くは来らず、夜に入れば森の中より燈火の光り見えていと物寂し。我家と相対すれば森の家にてはまた我家の火をや見む。昔物語にもありつべき心地せらるる…」

　田圃を隔てる人家前の「小道」は水車場への路という。図の左上に小屋が描かれるが、「土器作る小屋」と読める。土器つくりと水車場は関係がなさそうだからこれが水車場ではないだろう。小道の左端は北へ延び堤上の道へ出て、地図の「新大橋」道を超え、水車場を示す記号のところへ至る路―そう考えておこう。

江花はこの借家「老梅居」を回顧して後に図面に描くだけあって懐かしいのか、写真（次頁）に撮っているが、同名日記の中でその様子を記している。

「きわめて古ぼけた、しかもみすぼらしい石置屋根の平屋建てで、前は竹むしこ、入口は粗末な格子戸、その前は付近の家々と同じく杉の生垣、垣の裏に外井があった。竹竿の先には桶を付けた原始的な釣瓶《つるべ》で水を汲み上げ台所へ運ぶ。風流といえば言えないこともないが、不便な生活であった。庭に面した六畳を私の書

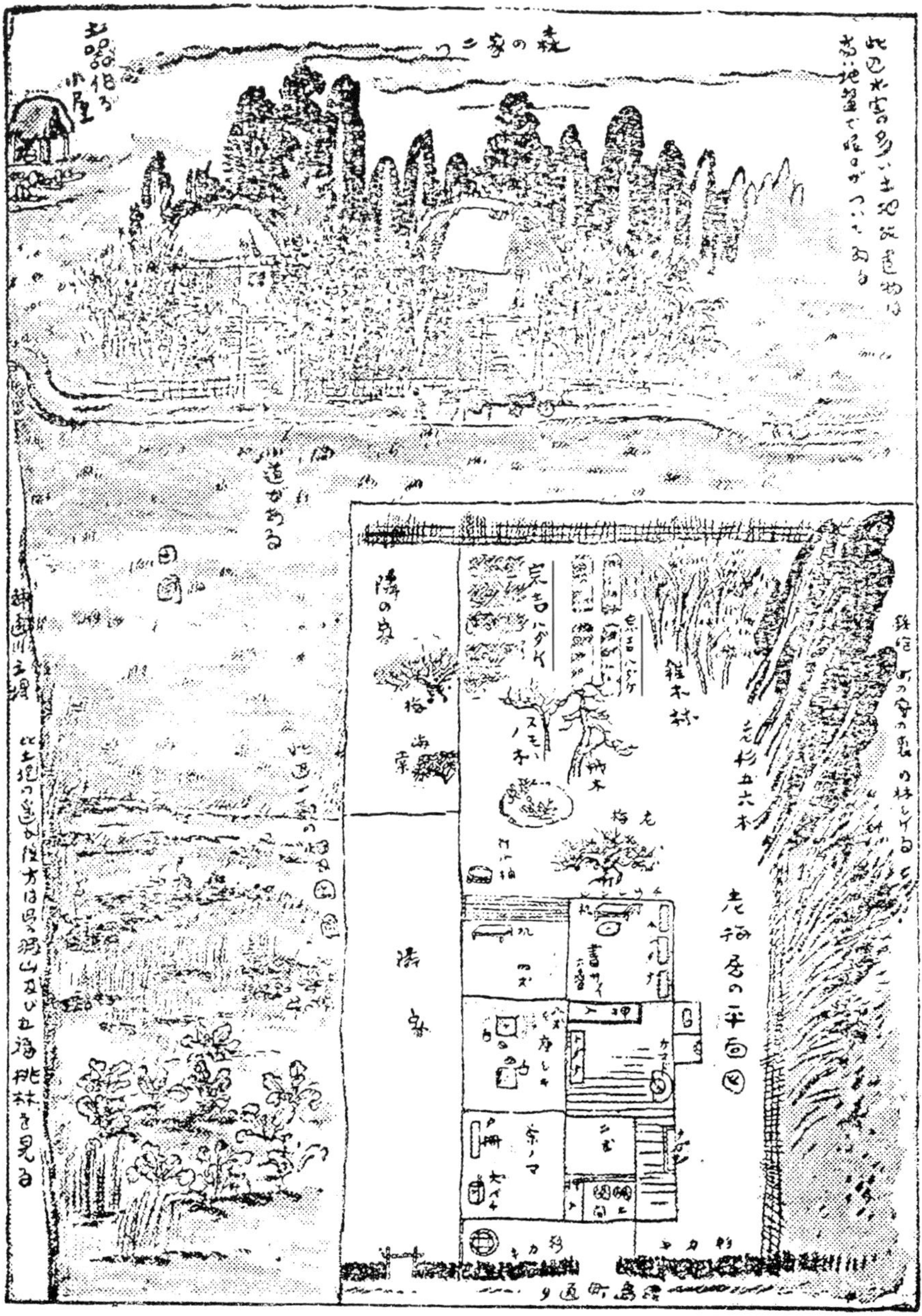

井上江花『老梅居日記』1926年刊に掲載の図。「宗吉ハダケ」とあるのは後述125頁の浅岡宗吉で、畑仕事を手伝ってくれるお百姓さんのこと。

斎に充てていたが、庭は前道路よりも、地盤が三四尺かた低下していたため、前通りから見ると普通の家だが、裏手から見ると棟は割合に高く、書斎は中二階である。それゆえ中櫺子《ちゅうれん》の嵌《はめ》硝子に相対する老梅は…」

江花の購入した自宅も外井のようで、不鮮明な写真によれば、釣瓶ではなく手押しポンプのようだ。

もう一つ、先述したように鹿島町の南には、地図になぜか記されていないが、富山招魂社が広大な敷地のもとに設けられている。不思議なマークは富山藩主別邸に設えられた「富士山」の小丘。後世の写真も残る。

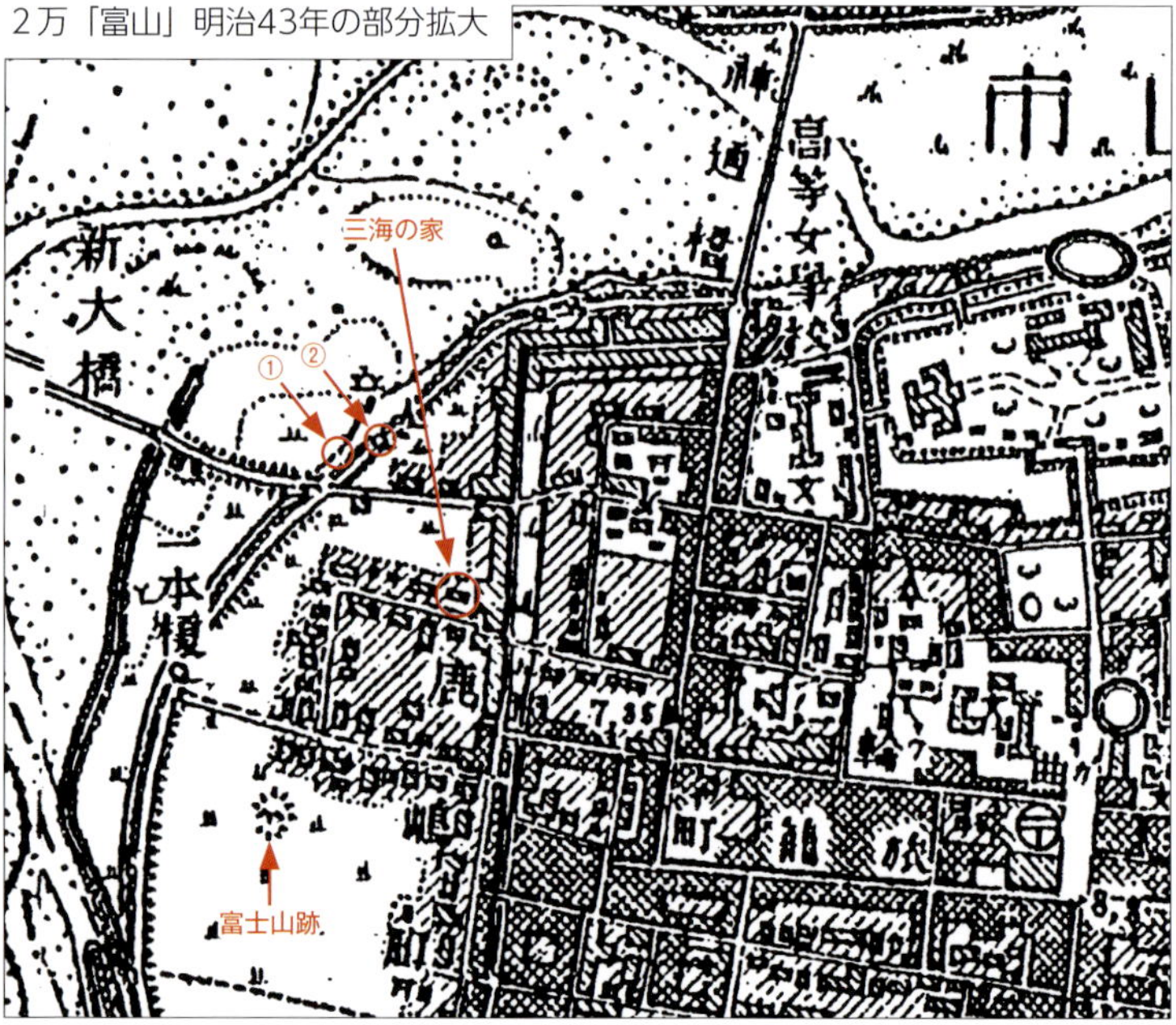

2万「富山」明治43年の部分拡大

鳥居の向こうの小丘が磯部庭園名残りの「富士山」（富山日報）

子供たちのよき遊び場になっているようだ。

さて、「榎集」を始めよう。新聞に掲載された順ではなく、堤上を北上する順に並べていく。文章と写真の一致のため番号を振っておく。

①神通川の風景を添うるものは堤上の榎である。しかもこれらの榎木はみな幾百年の古木でその形状もまたなかなか雅致に富んでいる。これは水車場前の土堤にあるのを鹿島庵の江花が写したものだ。

「榎木はみな幾百年の古木」とある。榎の林が都市周辺に優先してくる経緯にはムクドリが関係しているようで、『里山・遊休農地を生かす』（43～46頁・農文協）が次のように説明している。

江戸期、市がたつ場所や宿場町や城下町の入り口付近は野菜くずや馬糞が落ちていることが多く、ムクドリの夏場の餌場になってきた（田圃はイネが茂っていて餌をとれない）。ムクドリの若鳥は飛翔力が弱く、ねぐらは餌場近くの林（一里塚の榎、寺院の森や街路樹や川辺の森）となる。夏場に実が熟すのは榎だけでムクドリは重宝して食べるため、榎の種の混じる糞が都市周囲に大量に落とされることになり、やがて榎木が都市周辺に優先してくる―。

神通川の堤上、城下町の入り口付近に榎の古木が多くなったゆえんとして理解できる説明である。近代都市になって馬糞や野菜くずが路上から消えるとムクドリも姿を消すことになるが、この記事の時、富山市街の路上に馬糞はどの程度あったであろうか。市が雇用した道路清掃夫がいたようだから…。

　さて、この榎、例の一本榎とよく似ているけれど、「水車場前の土堤にある」別物。次の②⑧番の榎とそれほど離れていないのだろう。

ムクドリ（松木鴻諮提供）とエノキの実

②これは金毘羅《こんぴら》堂前の榎である。一方の堤下には

①　「神通川堤の榎」

⑧「神通川の榎集（九）」

小さな池があって、一方は広漠たる川原。樹陰に憩うて煙草をくゆらす漁師などを見受ける所である。
⑧金毘羅小祠前の大榎。立ちたるは高松教育課長および令息なり。この写真は高松氏令嬢の撮影せしもの。（十一月三十日）

地図では堤上に神社の印はないが、三年後の記事に「金毘羅の祠を通り越し五六歩すると古い搗屋《つきや》がある」と出ているから、搗屋つまり水車場に隣接して金毘羅

2万「富山」明治43年の部分

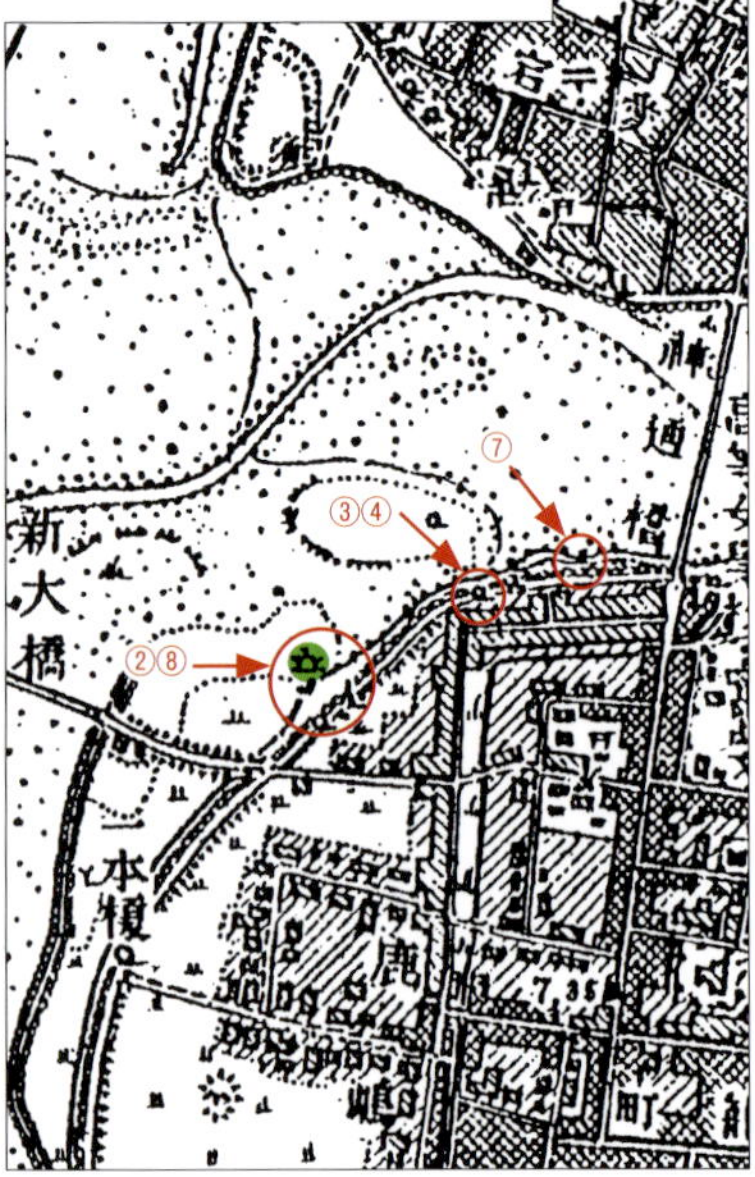

堂はあると思われる。アルバム写真は堤外から榎樹と小祠を撮ったもので、鳥居のシルエットがかろうじて見える。堤の路上から撮った⑧の写真（新聞掲載）では右端に鳥居が半分だけ写っているし、横に人物を配して大木を強調する「大榎」が二本ある。鳥居の半分を隠す右端には、真っ直ぐな樹幹の樹木（杉か松）もあるのが見てとれる。地図で水車場の辺り、針葉樹と闊葉樹の記号が一つずつ並んでいる。

水車は神通川本流によってではなく、現在「松川」と称される小川によって廻るのだろう。次の連載「行き当たりレンズ」にこの川が出てくるので、そちら（79頁）を参照してほしい。

左に松川が流れる旧堤の金刀比羅宮がある辺り。これは南側から見ているが、北側から見たのは次頁に。

金毘羅堂は当時と同じ位置に今も「金刀比羅神社」として現存する。社殿前に掲示の由来では、安政二年頃に洪水がしきりで、七軒町漁師の余川氏の夢まくらに「我は洪水により飛騨の高山よりきた金刀比羅大権

現なり、この地に祭るよう」お告げがあり、駆けつけてみると、樹の枝にご神体が流れ着いているのを発見、安政五年（一八五八）に本殿建立云々と記してある。榎に代わって「松川の桜木」が今は並ぶ。

③七軒町裏手の堤上にある大木の榎が磯部田圃の溜池に影を落としている夕景色である。時に夕陽呉山の上に赤し（日没撮影）。
④七軒町裏の大榎樹は枝を広げ、葉を張り切って秋霜にその色を染めているところ。きわめて見事なものである。
⑦富山七軒町より人家の屋根越しに榎林を望む。立ちているのは月嶺、涼月。

地図では七軒町は堤下まで町並みだが、そこに溜池

③

④

富山七軒町より人家の屋根越しに榎林を望む。
立ちているのは月嶺、涼月

2万「富山」明治43年の部分

があるようだ。ずっと南方の磯部田圃から流れてきて弱まった用排水の溜り池と思われる。人家の見える写真の手前は田圃か。「立ちているのは―」とあるが、人物がどこにいるか分からない。

⑥県庁裏堤ドンドコの榎より遥かに桜橋および橋を望む（十一月二十二日）

富山県庁は水濠に四方をかつて囲まれていた富山城址内にあり、その北側はすぐ神通川の堤。定量を越えた城濠の水は堤に切った江戸期以来の排水路から川に落とされているが、落ち方が小瀑布のようであったから「ドンドコ」と呼ばれていた。「桜橋」は対岸の富山駅や愛宕町を城側と結ぶ大橋で、写真では遠景左端に少し見える。次の無名の「橋」は排水路に架けられていた小橋を指すのだろうが、写真では見えづらい。洋館二階建て県庁のその二階から堤上の榎林を撮った別の冬季の写真があるが、それでも小橋やドンドコは判別できない。また、地図に見るように細くなっている北側の濠にも橋が架かっており、堤上の道へ出られ

「富山県庁裏手ノ小橋」

「県庁裏神通川堤」

「景雲橋」のかかる現況

るようだ。その橋の写真は撮られている。

　現在の城址は、北側で一メートルほど一段下がり、欄干のある太鼓橋が架かって、松川べりまで五、六十メートルほど平地になっているが、濠を埋め立てたものであろう。太鼓橋の下に小さな池が造られているのは、その堤ドンドコの名残なのかもしれない。

「富山県庁ノ濠池」

「県会議事堂」

⑨愛宕神社裏堤の榎林にして落葉片々、枝頭早くも寂寥の観を呈し、川風寒き路上には霜を置いて白し。（十二月五日）

愛宕神社は鎮火の神社として親しまれ、神通川の北側にうっそうと樹木の茂る杜であった。

「十一月二十三日　雲涯氏　神通堤愛宕神社裏ノ榎林」

⑤東岸に立って西岸神通湯土堤の榎の林を望むと、幽邃《ゆうすい》の趣まことに第一等である。（十一月十三日）

「神通橋ト千歳館」⑩

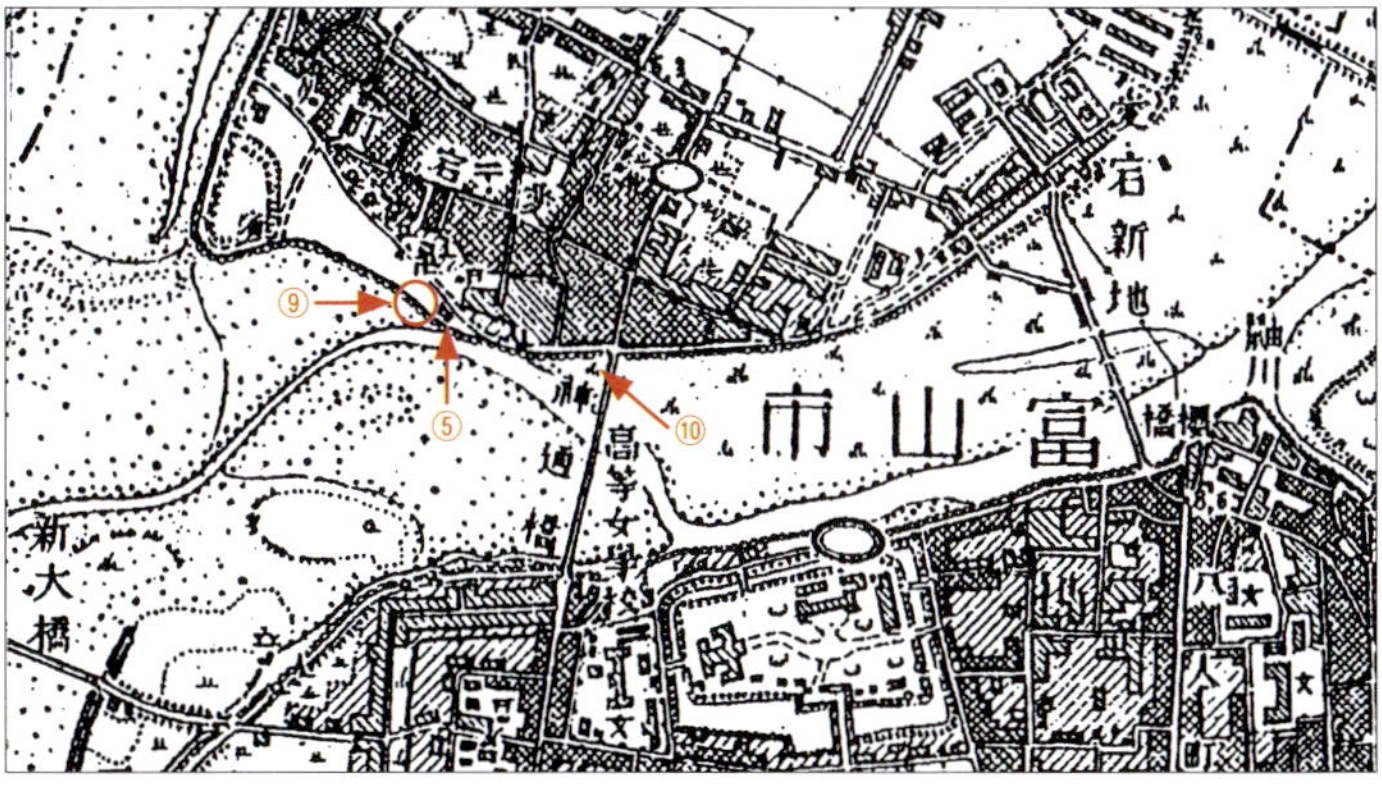

2万「富山」明治43年の部分

「神通湯」は愛宕神社の近くのようだ。「神通橋の北詰から川に沿うて上がると左手にある橋北第一の湯」、浴室の「川に面した方にガラス戸を入れ」てあると、十年前の富山日報（明治三十三年五月連載「湯屋のぞき」）にある。神通橋の写真も別に撮られているので掲載しておこう。橋のたもとは「千歳館」。

また、「神通川原にて」と題する三回シリーズの写真が翌年紙面に掲載され、神通橋や新大橋の辺の様子が理解できるので、その写真を紹介しておく。

神通川原にて（一）
聯隊橋の下に砂利掘りの人夫が汗を流して働くところを、[illegible]

神通川原にて（二）
聯隊橋の上手の川原にて合羽屋が荷車應用の仮小屋を作り合羽に油を引いてゐるところです

神通川原にて（三）
聯隊橋の下から通行人を見上げて姿を取つたもの橋頭の柱はアーク燈で建物は兵隊茶屋です

高岡新報・明治44年５月19日～22日

（一）聯隊《れんたい》橋の下に砂利掘りの人夫が汗を流して働くところをパチン、遠景は橋北愛宕の森。
（二）聯隊橋の上手の川原にて合羽屋が荷車応用の仮小屋を作り合羽に油を引いているところ。
（三）聯隊橋の下から通行人を見上げて盃を取ったもの。橋頭の柱はアーク燈で、建物は兵隊茶屋。

三枚の写真はいずれも神通川右岸の橋畔光景であるが、橋を渡った左側に第三十五連隊本部があることから、新大橋は聯隊橋と呼ばれることが多い。（二）の写真の遠景に見える建物は（三）の兵隊茶屋であろう。

十二月二日には「写真スケッチ」と題して二枚。未掲載のもの一枚、いずれも中町通りに面した「高岡新報」富山支局を写したもの。

（壱）富山支局前の賑わい

中町と荒町の交差点の北一角に支局はあった。土蔵つくりの長屋のように見える。二階窓に掲げられた

「中町高岡新報支局　四十三年写」

「高岡新報支局」の看板、張り出した一階屋根の角に「ガラス燈」、その上の宣伝的な看板が目に付く。三行の文句のうち、右端は「実業の燈台」と読める。

（弐）荒町通りを望みたる支局前の賑わい

支局前から北方、つまり荒町の通りを望んでいる。これが江戸期のままの道の広さ。中央の下駄履きの少年が押しているのは乳母車か。大八車も見える。

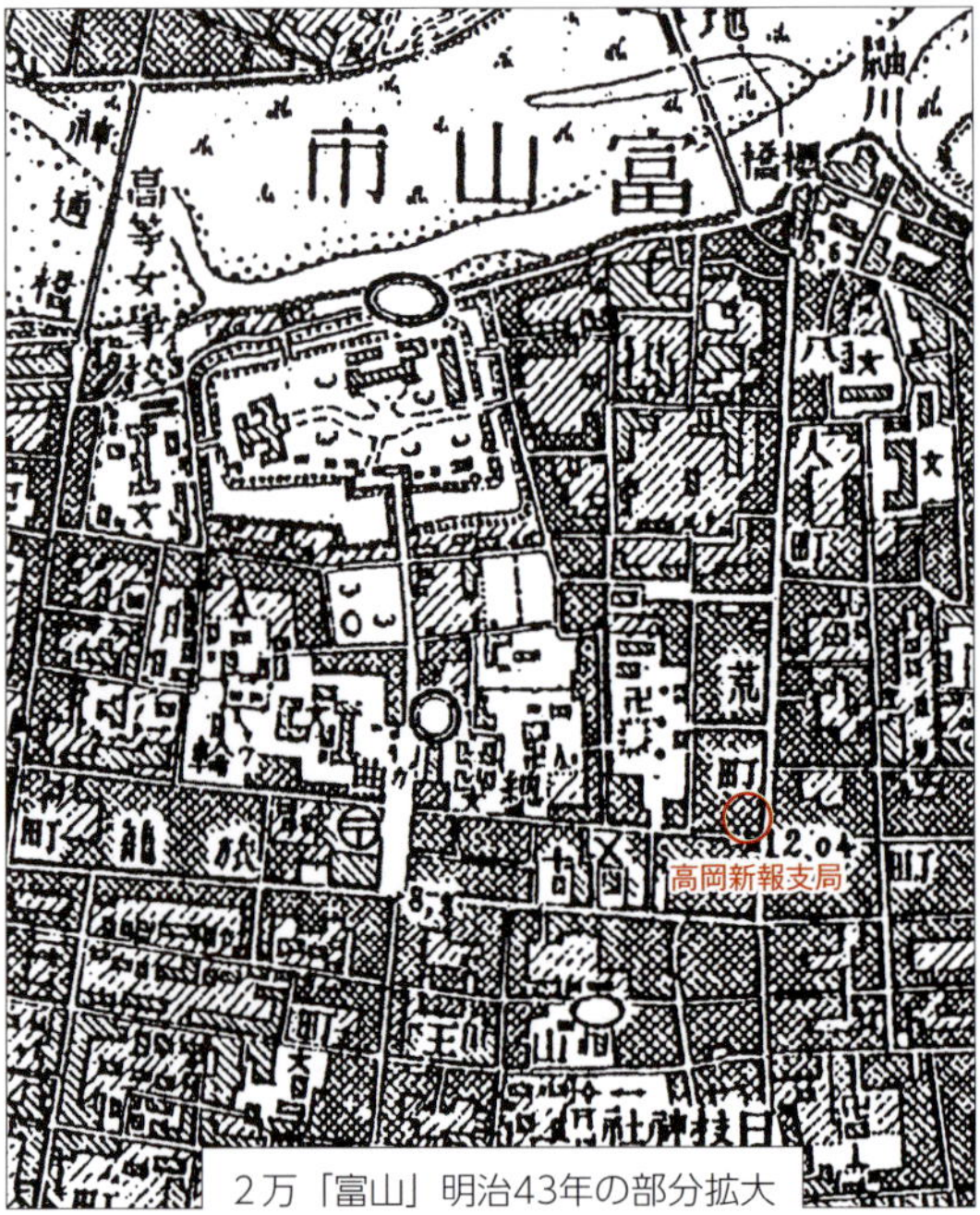

2万「富山」明治43年の部分拡大

未掲載の下も支局前。幼児が道の真ん中にいて、人力車が走ってくれば危ないように見えるが、当時は走る側に「心」があったようで、北陸タイムスにこの辺を理解するに役立つ記事がある。

「腕車を駆って岡崎代議の家に向かう。町はずれの狭苦しい曲がり角に俥がさし懸ると、向うからも荷物をしたたか積んだ大八車が来る。途端《みちばた》の小溝に、二才ばかりの小児が寝転んで、春日に嬉々《きき》と遊んでいる。俥夫はヨキョヨキョ、小児の兄はヨケヨケ、小児は平気で身動きもせぬ。俥夫は困って、そうッと足を轢《ひ》かぬよう途《みち》をよけて挽《ひ》いてゆく。人生小児で過ごしたいなァ」（「藍田《らんでん》村荘の半日」明治四十二年四月十四日）

俥夫の幼児に対するていねいな仕草が目につく一方、幼児の俥への恐怖のなさも明確である。明治八年に来日したネットーが共著『日本のユーモア』で記している。「子供は交通のことなどすこしも構わずに、その遊びに没頭する。かれらは歩行者や、車を引いた人力車夫や、重い荷物を担いだ運搬夫が、独楽を踏んだり、羽根つき遊びで羽根の飛ぶのを邪魔したり、凧の糸をみだしたりしないために、すこしの迂《まわ》り路はい

「富山中町高岡新報支局前ノ賑ヒ」

とわないことを知っているのである。…」

明治二十年代になっても、英国公使の妻メアリ・フレイザーが記している。馬車で市中を行くと、先駆けする別当は「道路の中央に安心しきって坐っている太った赤ちゃんを抱きあげながらわきへ移したり、耳の遠い老婆を道のかたわらへ丁重に導いたり、じっさい十ヤードごとに人命を一つずつ救いながらすすむ」。

先のネットーは、子供が車をよけないのは「大人からだいじにされることに慣れている」からだという。東京帝国大学教授として来日したモースは「世界中で日本ほど、子供が親切に取り扱われ、そして子供のために深い注意が払われる国はない。ニコニコしている所から判断すると、子供たちは朝から晩まで幸福であるらしい」と述べ、日本は子供の天国であると断言する。子供は甘やかされているとみる外国人もいるが、大人たちが子供を愛するのは、そこから無限の楽しみ、喜びが見つけられるからで、そのような文明を築いた数少ない民族であったという認識は必要であろう。

行き当たりレンズ

一九一二（明治四十四）年二月十六日

▼行《ゆき》當《あた》りレンズ（一）

丸髷美人《まるまげびじん》の後髪《うしろがみ》

睦月《むつき》三十日、大寒《だいかん》の空《そら》は晴《は》れて道路《だうろ》は半《なか》ば乾《かわ》きゐたるも、爭《あらそ》はれぬは冬《ふゆ》の空《そら》乾燥《かんそう》した大空《たいくう》は依然《いぜん》として强《つよ》い寒《さむ》さを齎《もた》らして居《を》る、休日《きうじつ》を幸《さいはひ》久《ひさ》しぶりで江花庵《こうくわあん》を訪《おとづ》れると、翁《おう》は月嶺《げつれい》、雲涯《うんがい》の二子《し》と共《とも》に今《いま》しも寫眞器《しやしんき》を携《たづさ》いて寫生《しやせい》に出掛《でか》ける處《ところ》であつた．で黑頭巾《くろづきん》も一行《かう》に加《くわ》はることゝした、目的地《もくてきち》は附近《ふきん》の礒部《いそべ》田圃《たんぼ》、一本榎《ほんのき》の傍《そば》へ行《ゆ》くと、雲涯《うんがい》が榎《えのき》の大幹《おほみき》に人《ひと》の這入《はい》れさうな大《おほ》きな穴《あな》のあるを發見《はつけん》した、さうして頓狂《とんけう》な聲《こゑ》で『コレだ／＼此穴《このあな》を撮《と》らう』と三脚《きやく》を据《す》へ出《だ》した、江翁《こうおう》も月嶺《げつれい》も『面白《おもしろ》い』と贊成《さんせい》の意《い》を表《へう》する、暫し寫生《しやせい》の部面《ぶめん》に就《つ》いて研究《けんきう》した結果《けつくわ》『穴《あな》の内《うち》へ見供《こども》を一人立《ひとりた》たせる方《はう》が好い』と議《ぎ》一決《けつ》した、月嶺《げつれい》は田圃《たんぼ》に遊《あそ》んでゐた兒《こ》睦月三十日、大寒の空は晴れて道路は半ば乾きたるも、争われぬは冬の空。乾燥した大空は依然として強い寒さをもたらしている。休日を幸い久しぶりで江花庵を訪れると、翁は月嶺、雲涯の二子と共に今しも写真器を携えて写生に出掛けるところであった。で黒頭巾も一行に加わること丶した。

「真」を写すという写真器を携えて「写生」に出かけるという。「生」を写すという語は、正岡子規が明治三十年代に俳句誌で主張した概念である。

夏目漱石は「自分は写生文家だ」といい、自作の『虞美人草』や『坑夫』などについて「余裕のない小説」と称している。「余裕のある小説」は自然主義文学を指している。江花や月嶺ら新聞記者にもその風潮が及んで、写真に何か芸術的な可能性をたずねようとしているのかもしれない。

目的地は付近の磯部田圃。一本榎の傍《そば》へ行くと、雲涯が榎の大幹《おおみき》に人の入れそうな大きな穴のあるを発見した。そうして頓狂《とんきょう》な声で『コレだコレだ。この穴を撮ろう』と三脚を据え出した。江翁も月嶺も『面白い』と賛成の意を表する。しばし写生の部面について研究した結果、『穴の内へ児供《こども》を一人立たせる方がいい』と議一決した。月嶺は田圃に遊んでいた児供を呼んで穴の内に立たせ、翁と二人で堤上にレンズ中の者となった。

人の入れそうな穴がある―これが面白いという感覚や、「穴の内に子供を」立たせて大穴の実在感を撮ろうとする《写生》の意欲もよく分かる。

一本榎には、佐々成政に惨殺された愛妾早百合姫の怨念が「ぶらり火」となってこの大穴から出るという言い伝えがある。『絵本太閤記』という寛政九年（一七九七）刊行本を出典とする伝承である。幕府はこれをすぐ発禁としたが、明治二十二年（一八八九）になってその木版本が再刻されたので、言い伝えも復活したのであろう。翌年には東京で「富山城雪解清水」と題する歌舞伎が創案上演され、「早百合部屋の場」を含む三枚つなぎの版画シリーズが歌川国貞の絵で売り出

「早春の神通堤一本榎」

「富山城雪解清水」のうち「早百合部屋の場」（富山市郷土博物館蔵）

されて、佐々成政が富山では大人気となったようだ。

記事はしかし、そのことに言及しないし、中に立たせられた子供も嫌がったふうでない。江花の娘・涼江の「思ひ出」と題する随筆の中に「幼少のころ、亡き父とよく散歩に出たことども…。神通川の堤防の一本榎のあたりをぼつぼつ語りつつ『お父ちゃん一本榎のふちを三度早百合姫といふと出てくるの？』と言ふと父はにっこりして『何も出て来ないよ』などと言って歩いた…」とある。明治三十年（一八九七）生まれの涼江の幼年期、伝説に対して近代的な否定を娘に与える父の態度は一般的であったに違いない。ただし、江花はこの「行き当たりレンズ」の三年後、一九一四（大正三）年には「越中の怪談」という五十五回に及ぶ大連載を始めており、一本榎も取り上げる。

研究者・萩原大輔氏は、早百合姫伝説を広めたのは「幕末の武者絵および明治期の歌舞伎など、史料的裏付けを必要としない大衆文化メディア」と結論されるが、その通りかもしれない。小さな風聞を他人から聞く際、裏付けがあるかどうか、人々はすばやく聞き分ける。人気を得たい大衆メディアがまったく裏付けを必要としないわけでないが…。

江花が大連載を開始するのと軌を一にして、明治末期から大正期にかけ、新聞・出版界に「怪談」ブームが起きている。筆者には、その背景に切実で言葉に表せない動機が潜んでいたように思われてならない。維新のあと、「強兵」が具体化してくるにつれ、人びとはのどかで腕力に訴えることの少なかった江戸期に思いをはせる日を時にもってきたのではないか。日露戦に勝利したものの、その反動も生まれて、平和な江戸期の世がなぜ、かくも強者のはばをきかす世と変わってしまったか、その謎と怪談のそれを二重写しにするような味わい方を人々はしていたのではないか。

首尾よく撮ったでさらに有沢橋を目がけて歩を南に進む。途《みち》の一丁ほども行くと三十歳くらいの品の好い妻君らしい婦人が丸髷姿で佇立《ちょりつ》している。月嶺は『交渉してあんなところを撮ろうじゃないか』と動議を持ち出す。雲涯は振り返って『ナルほど好いぞ』と賛成する。翁はニガ笑いして『駄目だ駄目だ』。

一丁は百メートル余。堤上の道に佇立する美人は、大河の眺めを楽しむのであろう。地図に見ると、ここらで神通川は三百メートル以上ある。《一月三十日の大寒の空は晴れて道路は半ば乾きゐたる》という前書だから、前夜は雨天で大河は増水し、冬原に滔滔《とうとう》と赤黒い河身をくねらせているのだろう。

丸髷姿について。当年、「富山名所図会」というシリーズ版画が刊行されているが、描かれる女性のほとんどが丸髷である。それが正装という伝統規範のせいだろう。昨十一月十三日の同紙に、欧米から帰国した洋画家が日本の数年の変貌について報告している。

「第一に驚いたのは婦女子の風俗が著しく堕落したことである。以前は島田や丸髷に結ってたから丈の低いのも左まで眼に立たなかったが、今は大抵押し潰したような束髪《そくはつ》になったので丈がますます低く見えるばかりでなく、格好の悪いことも夥しい。殊に毛の多い女などは在来の髷に結えば一段美しく見えるのに、わざわざ庇髪《ひさし》をいただいてるから好く見えないで、かえって悪く見える」

繁華街を歩く婦人たちの現実は、西洋風巻き髪を日

明治42年「富山名所」シリーズのうち「長岡御廟所・神通橋」富山市郷土博物館蔵

本風にアレンジした束髪が多くなっているようだ。
丸髷美人というだけで撮りたいと思ったのではない。立ちつくして遠く川面を見やる《あんなところ》に「美」と「心」を感じたからだ。川面であれ、海辺であれ、遠く水平線を見やる人というのはどこか哲学的な慕情をおびるもので、筆者はそんな人の後ろ姿に見入ることがある。
その美人撮影にどんな難点を認めたのか、江花はダメを出す。先の「神嘗祭の一日」では、川で洗濯する若い婦人たちの撮影は「三脚を立てたら逃げ出すだろう」と説明があったが、ここはニガ笑いだけ。婦人が迷惑がるからなのか、恥ずかしがるからか、知りたいところである。

美人撮影の動議も成立を見ず、三叉《さんしゃ》でないが『南へ南へ』と歩を移すと、七八歳くらいの可愛らしい男女の児供が入り交じって遊んでいる。翁はここに目を着けて『どうだい、可愛らしいのを一つ』と児供を眺めてござる。
月嶺も雲涯も大賛成すると翁は写真器を携えて堤防を降り、田圃の中へ這入《はい》って三脚を立てる。雲涯が技師然として小癪《こしゃく》なことを謂《い》っている。月嶺は児供大将となって『来い来い、皆来い』と付近で遊んでいた児供を召集した。位置がこうだと雲涯に教わって堤防の半腹へ降りて来た。児供も犬も凧も陣取る。翁は苦心の末、器械を据えて撮影したのが昨日の写真。

《三叉でないが「南へ南へ」と歩を移す》という。堤上に三叉路のような箇所がある。ここら辺は霞堤といって、堤に切れ目があり、洪水時はそこから田畑の方へいくらか出水するに任せ、本流の増水を遅らせるという工夫である。印の辺は特に細い切れ目になって三叉路のようであるというのであろう。

2万「富山」「呉羽村」明治43年の部分

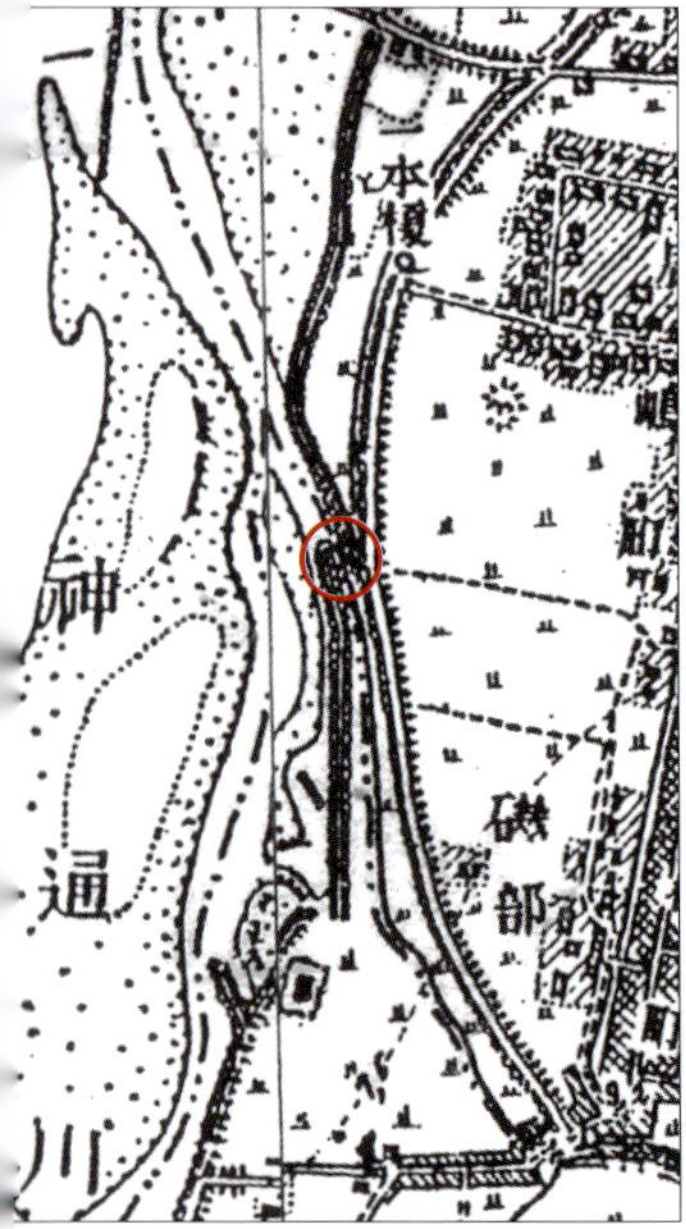

「神通堤上ノ子供」

子供たちを撮ろうと言ったのは江花。七、八歳の男女の子供が入り混じって遊ぶのが《可愛らしい》という。明治生まれの江花であるが、子供を可愛がることに関しては江戸期の心を引き継ぐのであろう。イギリス女性作家のイザベラ・バードは明治十一年の日光での見聞を記している（『逝きし世の面影』326頁）。

「私はこれほど自分の子どもに喜びをおぼえる人々を見たことがない。子どもを抱いたり背負ったり、歩くときは手をとり、子どもの遊戯を見つめたりそれに加わったり、たえず新しい玩具をくれてやり、野遊びや祭りに連れて行き、子どもがいないとしんから満足することがない。他人の子どもにもそれなりの愛情を注ぐ。父も母も、自分の子に誇りを持っている。」

実際に日本の子供たちは古い時代から可愛かったようだ。十七世紀初め長崎に住んだイスパニア商人アビラ・ヒロンは「子供は非常に美しくて可愛く、六、七歳で道理をわきまえるほどすぐれた理解をもっている。しかしその良い子供でも、それを父や母に感謝する必要はない。なぜなら父母は子供を罰したり、教育したりしないからである」「日本人は刀で人の首をはねるのは何とも思わないのに、子供たちを罰することは残酷だという」と記している（前掲書327頁）。

子供はほとんど叩かれることがない、と多くの外国人が述べている。赤ん坊は泣きわめくことがない、と多くの外国人が述べている。子供が親に対して従順で、叱られるようなことはしないことを意味するが、それは親が子供たちにものすごく手をかけていることの表れであったろう。明治二十二年に英国公使の妻として来日したフレイザー夫人は述べている（前掲書330頁）。

「彼らに注がれる愛情は、ただただ温かさと平和で彼らを包みこみ、その性格の悪いところを抑え、あらゆる良いところを伸ばすように思われます。日本の子供はけっしておびえから嘘を言ったり、過ちを隠したりはしません。青天白日のごとく、嬉しいことも悲しいことも隠さず父や母に話し、一緒に喜んだり癒してもらったりするのです」

明治四年に来日したオーストリアの外交官ヒューブナーは次のように言う（前掲書341頁）。

「玩具を売っている店には感嘆した。たかが子供を楽しませるのに、どうしてこんなに知恵や創意工夫、美的感覚、知識を費やすのだろう、子供にはこういう小さな傑作を評価する能力もないのに、と思ったほど

1864年来日したスイスの外交官アンベールの絵「家族情景」（『絵で見る幕末日本』より）

だ。聞いてみると答えはごく簡単だった。この国では、暇なときはみんな子供のように遊んで楽しむのだという。私は祖父、父、息子の三世代が凧を揚げるのに夢中になっているのを見た」

家は貧しくても、男たちは自分の家庭生活を楽しんでいる、とにもかくにも子供が彼らを引き付けていると深い感慨を記したのは、先述のイザベラ・バード。子育ては女の仕事とされているわけでなかった。子供を「いとしがり可愛がるというのはひとつの能力である。しかしそれは個人の能力ではなく、いまは消え去ったひとつの文明が培った万人の能力であった」と渡辺京二氏は記している。

子供らを堤の斜面に集めて、江花は何を表したかったかといえば、間違いなく子供たちの「可愛らしさ」である。堤の半腹に十人の男児、堤上に十人の女児が並び、大人が二人写る。カメラ設置や集合に時間をとられたせいか、子供たちの生き生きとした愛らしさの再現という意図は果たされていないようだ。

真っ黒な犬が前列の男の子たちの間にうずくまる。富山県において野犬は明治六年（一八七三）以来、見つけ次第に撲殺《ぼくさつ》されている。維新を迎えて犬には見慣れぬ洋装の邏卒《らそつ》（巡査）というものが出現するや、彼らの市中の見回りの際、昼となく夜となく吠えつき、数十匹も包囲襲撃することもあったため、そう決したという。飼い犬には木札が首につけられた。

明治七年、日光への途上に出会った犬について、二十二歳のアメリカ青年マクレイは「日本の犬はあまやかされている。彼らは道路の真中に寝そべって、道をあけるなんて考えもしない」と記し、人力車がそれを踏まないよう丁寧によけていくことに驚いている。野犬といっても町内に棲みついて町が飼っているような犬たちで、吠えつくからといって虐待されるようなことはなく、町の人々にはいつくしむべき小さきものたちだった。そういう犬を撲殺することになるなぞ、明治の人々でも堪らない思いがしたことであろう。

昨年十月十八日の同紙の片隅「編集日記」の小欄に「近い社前で犬が悲しい声をするので、ふと窓硝子を透かすと、往来繁き停車場街で犬殺し男が鬼々しき棍棒もて不意打ちの下に犬の命を奪ったのであった。見心地の悪いものである」とある。

二人の大人は、後の記事に雲涯がインバネスをカメラに被せて暗室を作るシーンが出てくるから、カバンを手にし、インバネス着用の左上が雲涯でないか。すると、右下は月嶺か黒頭巾氏になる。それにしても、大寒の一月末日というのに、雪が全くない。珍しい暖冬の年であったようである。

『南へ南へ』と磯部堤防を伝《つた》って行く。五斗目の処へ来ると、二三人の児供が寒そうに裾をもたげて用水を渡ろうとしている。脚を止めて眺めた三人の写真師は『撮るべし撮るべし』と勇み立って、雲涯が三脚を据える。月嶺は寒さに首を縮めてすくんでいる。翁はなかなかの大元気『若い者がなんのことだ』と励声《れいせい》一番。用水面をキット眺めてシャッタを切った。

《五斗目《ごとめ》》は、他紙に「俗に五斗目の張り出しといっている、五斗俵のような目方の重いものでも流れ来るとキリキリ渦巻をなし巻き込むということからついに五斗目と呼ぶようになったそうだ」とある。ここに幕

「神通五斗目搗屋尻」

末の十代藩主・前田利保は藩士の水練場を設けたという。地図でも、南方から伸びた霞堤の北端が本流に張り出しているのが見える。五斗目の激流を見ようとして用水を渡ったのか、霞堤の上に子供が一人いる。その子の背景の白い部分が本流である。

江花の写真説明は「子供、磯部搗屋尻を渉る」。富山では杵で搗いて精白することをカツ、搗屋のことをカッチャと呼ぶので《磯部カッチャジリ》と読めるが、搗屋は地図の堀川村に水車印のある個所であろう。水車を回した用水は、八尾街道の橋下をくぐる直前で東方からくる「冷川《つめた》」と合流、いくらかの田圃を潤して、堤が三叉のように分岐する辺でその隙間に流れ込んでいる。遠景は布瀬村の方面で、左端の堤防上に映る家影は次に出る「磯部の一軒家」なのであろう。

雲涯は景物を眺めて『好い写真だ』と賛辞を述べているところへ、投網を肩にした漁夫がやって来た。翁は『今少し早ければ面白いのであった。この冬枯れの用水に投網の漁夫は太陽の懸賞も及ばずだろう』と低語しながら、漁夫の行方を恍惚《こうこつ》

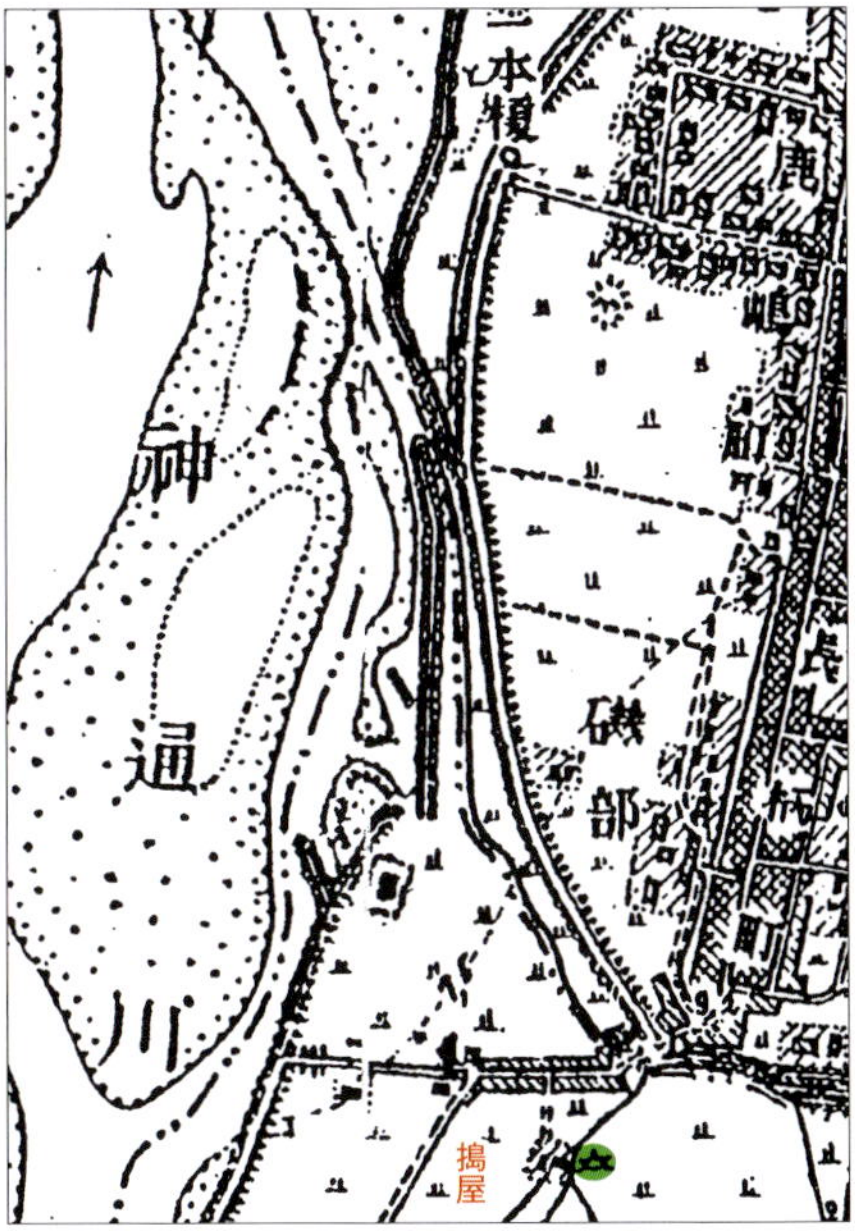

2万「富山」「呉羽村」明治43年の部分

として見てござる。月嶺は『残念残念』と地だんだ踏んでいる。雲涯はその間に器械をしまって出発の準備を整えた。

「太陽の懸賞」は、当時の総合月刊誌『太陽』（一八九五〜一九二八年・博文館）が懸賞付きで毎号、写真を一般から募集していたことを指す。最初の募集は一九〇二（明治三十五）年で、審査員の柴田常吉は日露戦後、応募写真について「周囲の大部分を朝霧、暮靄の間に隠すは、作家としては卑怯の挙」と、「朦朧体《もうろうたい》」の

写真を遺憾とし、「写さんとする対象を最も明瞭に示し、しかも画題も位置も観賞すべきものをもって上乗となす」と述べていると、井上祐子『日清・日露戦争と写真報道』（吉川弘文館・二〇一二年）は紹介する。

同書は柴田の主張に反論があり、報道かアートか、という議論が始まっていること、日露戦後は各種雑誌が懸賞募集を始めたのでブームとなり、絵画のような写真が競うように作られていくことに言及している。

児供の河渡りを撮影して、投網の漁夫を残念ながらに見送った我が一行はさらに『南へ南へ』を続行する。途の二丁も行ったかと想った頃、翁は器械を手にして小走りに走り出した。月嶺と雲涯は高足駄を履いているため、倒れかかって跡を追う。何の故に走ったか。一行は無念に想って見送った漁夫が堤下の用水に降り立ち、水辺の乱杭《らんぐい》に片足掛けて今しも投網を投げ込まんとしているのである。足を急いだ翁は漁夫の横合へ廻って三脚を据えた。月嶺、雲涯は小躍りして嬉んでいる。翁がピントを合わせてシャッターに手をかけ

「神通五斗目下ノ網打」

た頃は網は既に水に入りて、今しも引き上げられんとしている時であった。翁が敏活なる活作《かっさく》によって撮られた優品はコレコレ。

新聞掲載の説明は「カチャ尻の網打ち　一疋もおらんチャ」。漁夫が鳥打帽をかぶっている。記者の一人も先の子供写真に見るように鳥打帽だ。この後に出てくる乗馬の農夫も鳥打帽。「近年すこぶる流行」「ここ一二年間全盛を極めた八方形、四方形は徐々にすたれ、近頃は三方形がはやり出した」と、昨年九月「流行品の折々」という連載記事に出ている。

『南へ南へ』は依然として続行。磯部の一軒家へ来ると、雲涯は種板の入れ換えをやろうといって、藁を切っていた百姓先生に交渉して庭の一隅を借り受けた。いうまでもなく土間である。雲涯はインバネスを頭から被って暗室に代えようと企てたが、まだ明るいというので江花翁と月嶺は羽織を取ってブッかける。十分も経つか経たぬに雲涯は苦しそうな声で『モウ堪らない、呼吸が苦しい』翁は馬小屋を窺《のぞ》き込んで内を視てござる。月嶺は藁の上に安坐《あぐら》して莨《たばこ》を喫《の》んでいる。しばらくして仕事を終った雲涯は息気をせきつかして出て来る。

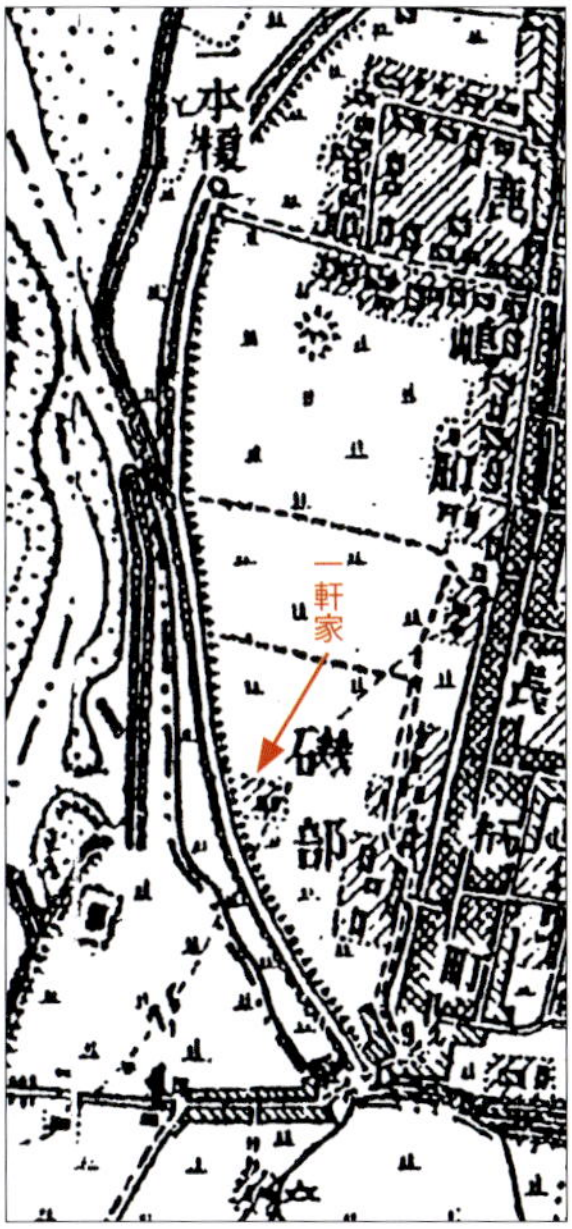

2万「富山」明治43年の部分

地図で堤沿いに記される一軒家がこの農家なのであろう。ここまで記事に出る限り五枚ほど撮影しているが、種板（ガラス乾板のこと）の入れ換えは初めて。ガラス乾板をすでに仕込んだ乾板フォルダーを何枚か持参していたが、使い切って新たに装填する必要が生じたのであろう。撮影済みの乾板をフォルダーから取り出して暗函などにしまい、未露光の乾板をフォルダーに装てんし直すには暗室が必要である。暗闇の中でガラス乾板の感光面がどちら側か手探りで確かめ、光が入らぬよう慎重に操作せねばならない。インバネスは雲涯が着るような外套のこと。

写真家でカメラコレクターの室澤敏晴氏（富山市）に見せていただいたフォルダーは乾板を二枚組み込めるものだった。裏板を張って乾板をはめ込めるようにした細い木枠二枚組と、その真ん中に遮光板の木枠をはさんで（遮光板は木枠から引き抜ける）三者の片方を蝶番でつなぎ、いずれも展開するようにしてある。カメラの後部、焦点合わせをする磨りガラス面にこれをはめ込むわけである。堤で子供らを撮った先の写真の大

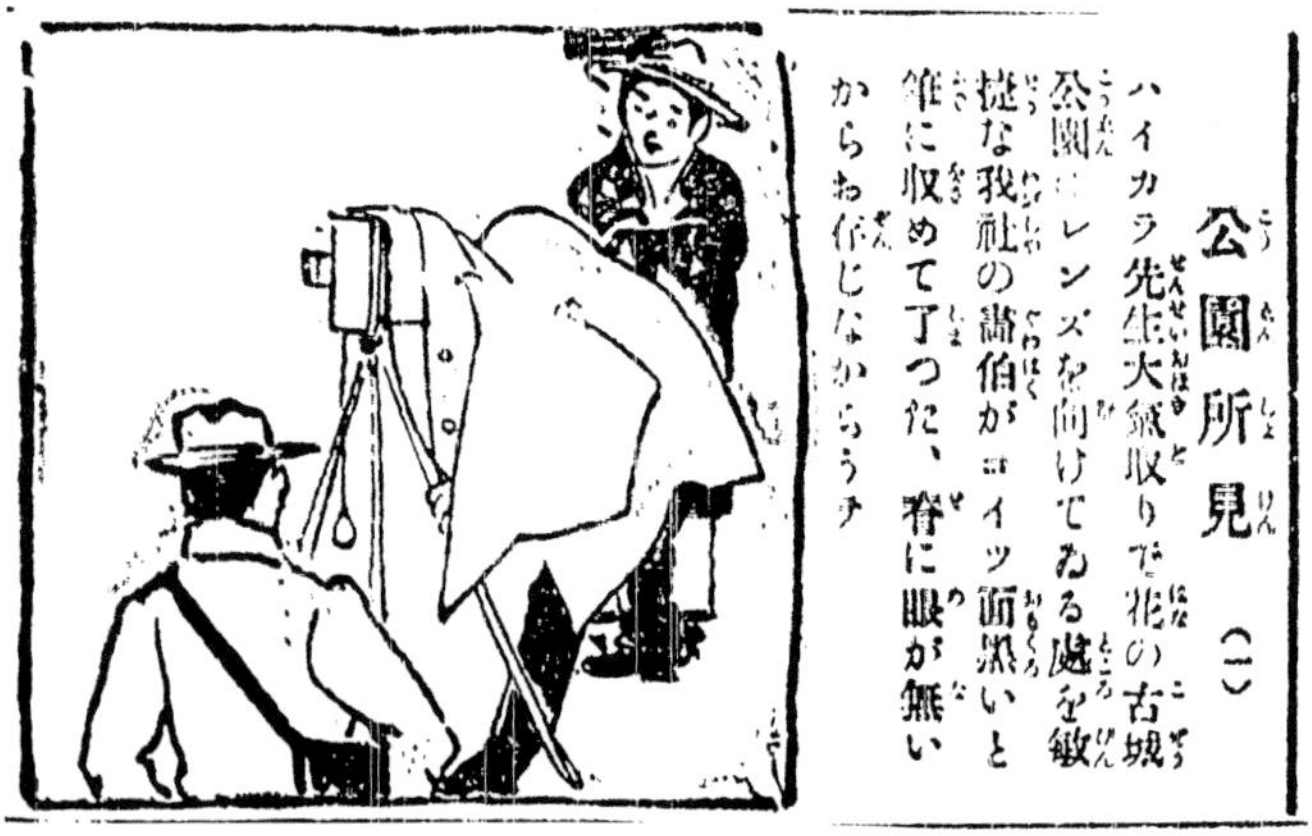
公園《こうゑん》所見《しよけん》（一）

ハイカラ先生《せんせい》大気取《おほきど》りで花《はな》の古城《こじやう》公園《こうゑん》にレンズを向けてゐる處《ところ》を敏捷な我社《わがしや》の畫伯《ぐわはく》が「イツ面黒《おもくろ》いと筆に収めて了つた、春に眼《め》が無いからお存《ぞん》じなかろうナ

公園所見（二）

準備《じゆんび》いよ／＼整《ととの》つたりと蓋《ふた》を切つた處だが、サナ暗室《あんしつ》へ這入つての

高岡新報・明治44年４月13日

フォルダーと遮光板の様子
（1908年『シアーズ・ローバック』カタログより）

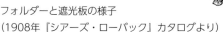

「磯部農家内の高田月嶺氏」

人の一人が手に革カバンを抱えている。そこにフォルダーが入っているようだ。現在のような巻き取り式のロールフィルムはアメリカですでに発明されているが、江花のカメラはそれ以前の型である。

百姓の藁《わら》切りを撮ろうとすると、逃げ出す。一行が口を揃えて『撮ればいいに』と勧誘すれば聞かばこそ。一大恥辱にでもなると想ったか更に相手になってくれぬ。莨《たばこ》を喫《の》んでいた血気の月嶺『馬鹿な男だなア。我輩が真似ろう』と、ハンケチを取り出して鉢巻をなし、裾を端折って『押切《おしぎ》り』の前に陣取った。翁は『仇討ちでもするような姿だ』と笑う。雲涯が真面目くさってレンズに入れてしまった。

藁を切るのは馬の餌用である。戸外に見えるのがその飼い葉桶かもしれない。藁は三センチくらいに刻んでフスマや米糠などと入れ混ぜ、水を加えてやる。フスマは小麦をひいて粉にするとき出る皮の屑。

雲涯子が月嶺子の武者振りを撮影すると、江翁は馬を撮ろうと動議を持ち出された。百姓は大の嬉こびて馬を曳き立てゝ来る。雲涯子は『御参《ござん》なれ、準用《ようい》なれり』と三脚を田圃に立てゝ持ち構え、今や遅しと力身《りきみ》きっている。馬小屋から出された可憐の大動物は久し振りで田圃へ出たものと見えて駆け出そうとして逸《はや》りきっていて、なかなか飼い主のいうことを聞かない。

雲涯の「ゴザンなれ」は、参られよという意。

写真で見ると、競走馬になりそうな細足である。江戸期の在来馬は左頁の図に見るように馬体が小さく、体高一三〇センチくらいが普通というから、写真の馬は少し体高もあり改良馬と思われる。

日本の馬は「手綱は木綿、馬蹄は藁」だったらしく、藁沓をはかされているから脚は弱く、牡馬を去勢しないので噛んだり蹴ったり、言うことをきかない馬が多かった。明治十一（一八七八）年、行程のほとんどを馬に乗り東北地方を縦断した英人女性イザベラ・バードが、当時の日本人が馬とどんな関係にあったか

「磯部村ノ一軒家ト江花」

について語っている。渡辺京二氏の説明を引用しよう。

「バードは馬に馬勒をつけさせようとして、人びとの強い抵抗に出会った。彼らは《どんな馬だって、食べるときと噛みつくとき以外は口を決して開けませんよ》と言って、馬勒をつけるのは不可能だと主張した。バードが《銜（はみ）を馬の歯にぴったり押しつけると、馬は自分から口を開けるものだ》と説明し、実際にそうやって見せて、彼らはやっと納得したのである。つまり当時馬を飼っていた農村の日本人は、銜をかませるなどというのは馬の本性に反することで、本性に反することは強制できないと考えていたことになる。去勢などは、馬の本性すなわち自然にもっとも反することであったろう。」

写真の農夫はきちんと鳥打帽をかぶり乗馬靴を履いているし、銜をかませて手綱を片手にとり、ちゃんと馬を乗りこなして見える。明治三十年前後に富山乗馬クラブができている（軍用馬育成が主目的）ので、そこで調教を習い、改良馬を育成している農家の一人なのだろう。農耕にも使役しながら、競馬出場に向けて情熱を燃やしているのかもしれない。昨年一月一日の富山日報に明治三十三年ころ産馬百頭、現在は四百頭と「産馬の改良について」の報告記事がある。

江戸期、女性にも扱えるということでか、牛を使う地方が多いなか、越中は馬耕が早くから行われた特異な地域のようだ（『村に馬がいたころ』太田郷土懇話会）。承応三年（一六五四）の太田村（現砺波市）三十一軒のうち二十二軒で三十六疋の馬が飼われていた。十八世紀になって平野部では持ち馬から借り馬へ移行した農家が多いという。

別当〔馬丁〕（A・ド・ヌービル画　写真による）

雲涯子がしきりと頸を傾けて位置の研究をしていたが、その間に江花翁は伊勢崎の羽織をぬぎ捨てゝ銘仙《めいせん》の綿入れの上に藁製の膝掛けを着け鍬を肩にして出て来られた。この態落《ていらく》を見た月嶺子は手を拍《う》って『磯部のトルストイ』と頓狂な声で呼ばわった。雲涯子は地だんだ踏んで騒いでいる。そのうちに馬も好い位置にやって来たで、雲涯子が蓋を切った。（黒頭巾）

「伊勢崎」は群馬県伊勢崎町の有名な絹織物。「銘仙の綿入れ」も上等のもの。写真の右端、藁の腰蓑《こしみの》をまとって鍬を担ぎ、農家の玄関先に立っているのが江花。トルストイに扮したと分かって頓狂な声となったが、なぜ『戦争と平和』や『アンナ・カレーニナ』の巨編で有名なロシアの文豪・トルストイが農夫の姿で出てくるか。三カ月前、一九一〇（明治四十三）年十一月九日、彼が八十二歳で亡くなって日本でもニュースになり、肖像写真が新聞雑誌に出た。

トルストイは本の印税で大富豪となったが、伯爵の息子として生まれた大地主であり、そのことを遠因とする道徳的苦悩を幼年期から抱き続けたといわれ、農民の姿に身をやつして修道院を訪れて（一八八一年）、心の平安を得ようとしたことがある。江花はおそらくそのことに思いを寄せたのであろう。

トルストイ像（榎本恒太郎訳『トルストイの教訓及其自叙伝』明治42年刊）

乗馬農夫の家扶《かふ》らしく扮装して、写真に面白味をつけようとしてであるが、トルストイをして『我が懺《ざん》悔《げ》』一巻を書かしめた煩悶に感応していると思われる。日光華厳《けごん》の滝で「人生は不可解」と遺言を残し明治三十六年に投身自殺した藤村操のような煩悶青年たちもトルストイの文学の影響を受けていると思われるが、近代文明とは別な形での救済はないかと考える思潮はこの明治末期に世界同時的にはじまると言われている（安丸良夫「例外状況のコスモロジー」）。

「蓋を切った」は、シャッターを切ったの言いかえ。

途をさらに『南へ南へ』と取って八尾街道へ出た。雲涯子は『有沢まで奮発《ふんぱつ》しよう』といい出したで、依然進行を続けて有沢堤防へ行くと、護岸の沈床工事をやっている。舟の中に若い婦《おんな》工夫が頬かむりして働いている。音頭取りが男であるがためか、婦人どもは面白そうに音頭を合わしてセッセと活動している。その働き振りがすこぶる珍であるところから、往来の百姓どもが垂涎三千丈式で眺めている。『どうだい、あんなところを』と誰やらが謂うと、雲涯子は心得たりで、三脚を立てた。江花翁は石に躓《つまず》きながら三脚の側へ行ってピントを合わせる。月嶺子は相変わらず往来に立ちン坊して悪口を叩いていた。（黒頭巾）

堤の根固めに幅五、六メートルの木枠を沈下して粗《そ》朶《だ》と割石を詰める沈床工事。写真の中景に山積みされ

「有沢橋下流の川工事」

ている大きな梱包《こんぽう》が粗朶であろう。音頭とりは桟橋《さんばし》の途中に立つ二人のうちいずれかではないか。船の前で腰をかがめている人は、かがんで背籠《せかご》を逆さにし砂利を木枠前へあけているように見え、船の女性たちはその砂利を長い棒でかき寄せ、船端下の木枠の中へつき均《なら》しているようだ。

音頭とりが男性で「若い女工夫」が「面白そうに音頭を合わしてセッセと活動」する、見物人がよだれを垂らすくらい、彼女らの身振りが新奇でセクシーというのだろう。

先の「神嘗祭の一日」でも触れたが、唄はきつい労働を少しでも和らげようとするもの。巧みな音頭とりがいれば労働が能率的に進むこと請け合いである。一九〇八年七月、連載「炎熱と闘う勇士」に、夫婦で土方をしていたという男が、音頭とりをしていた妻に逃げられたという話を載せている（富山日報）。

「カカアは上州生まれの今年はたしか三十歳。顔はさほどみっともよいほうでもなかったが、声は若い時から自慢のもので在所の盆踊りにはカカアが出なけりゃ踊りができねいというたものだ。俺と連れ添うてからも諸所の杭打ちに出ると音頭が上手で、並の女房衆の五銭や十銭の増し銭はきっと取ってきてくれた」

記者は驚きながら「西洋では声の良い、歌の上手な女が牛の乳をしぼると乳がたくさん出るから、したがって給金もよいという話を聞いたことがある」、杭打ちの並の人足賃は二十五銭くらいだが、音頭をとるのがうまいと三十五銭はとれると記している。

日本人の労働の仕方そのものに対する観察は何人かの外国人にある。明治政府の法律顧問として一八七二（明治五）年から四年間在日したジョルジュ・ブスケ（フランス）は次のようである。

「…大きい利益のために疲れ果てるまで苦労しようとしないし、一つの仕事を早く終えて、もう一つの仕事にとりかかろうとも決してしない。……どこかの仕事場に入って見給え。ひとは煙草をふかし、笑い、しゃべっている。時々槌をふるい、石をもちあげ、次いでどういう風に仕事にとりかかるかを論じ、それから再び始める。日が落ち、ついに時間がくる。さあこれで一日の終わりだ。……一家を支えるにはほんの僅かしかいらない」

プスケが記すのは、田圃で一日中、草取りなどして勤勉さが誰の目にも明らかな農民ではなく、唄うのが主なのかと思わせるほど怠惰に見える土方たちのことである。彼らの仕事は、雇い主がそういう働きぶりを織り込んで出来上がり日を約束した請負い仕事。適当な休憩のあるのは当然である。

プスケのいう《大きい利益のために》は、予定より早く仕上げて親方からボーナスを得るようなことを指すのかしれないが、火事場の再建のように急がねばならぬ場合、あるいは長引かせると他人の不幸が目に見える仕事の場合、彼らが目ざましい働きぶりとなることをプスケは見ていない。「笑い、しゃべっている」楽しさはいつでもキャンセルできる彼らで、江戸期に築かれた勤勉の心は行きわたっていると思われる。わずかな稼ぎで一家は支えられるからというプスケの指摘は当たらないだろう。

土方や職人だけではない。明治維新を超えてなお、村や町の共同体は堅持されたから、おしゃべりを楽しむ男女がたくさんいたことは間違いない。学校などでやがて個人というものが強調されるようになり、才覚により独立して金持ちになろうとか、競争して大きな利のある仕事をもらおうとか、立身出世という政府の奨励する人生態度が人々にしだいに浸透していくけれど、仲間同士の語らいの喜び、働く場を楽しく気持ちのよいものにすることが労働効率をあげることよりずっと上位の価値だった人々は明治末にもたくさんいたと思われる。

有沢堤防でも、音頭に合わせた唄い方や働きぶりが《すこぶる珍で》笑みをこぼさずにいられない集団作業が見られた。道行く《百姓ども》が引きつけられている。彼らの垂涎《すいえん》（強い欲しがり）は、その場の楽しみだけでなく、家へ帰って家人に語ってやる楽しみ、明日には隣人への話の種とする楽しみ—これがあるからに違いない。

見たことを他人に話し聞かせるというのは簡単ながら、スキルを要する。見たことのどこから話すか、どこをポイントにするか、さまざまな工夫が可能。小さな身辺事のどこかにおかしみを見つけ出し、他人を大笑いさせる話にまで仕立て上げる人がこの世にはいる。少しの道を歩くときも路上の出来事に人々が耳をそばだてるのは、その談議の種を仕入れるためといって過言ではない。

江戸期の人々がいかに物見高かったたか、外国人の一挙手一投足を見逃すまいと取り巻く日本人の人垣の分厚さについて、観察された当の外国人の多くが誌している。その見聞をうまく話したい、他人を幸福な笑いへ誘ってやりたいという願望にひとえに人々は突き動かされている。家族であれ、近所の人であれ、他人を幸福にするのが最高の幸福―これが今も昔も変わらぬ、人々の生きる張り合いである。話のタネを見つけては携帯メールでその糧を書き送ろうとする現代人だが、話しの全てを言葉に記号化はできず、昔の人々のようにうまくは伝えられないだろう。

新聞記者の江花や月嶺は「どうだい、あんなところを」とカメラを向けずにおれなかった。江戸期以来の高度な文明から少しずつ遠ざかろうとする明治末、彼らの心にふとそれへの怯えが兆したかもしれない。

有沢橋へ行って見るとまだ充分には出来上がっていない。磧《かわら》には仮小屋を設けて盛んに人造石を

「竣成ニ近ヅキタル有沢橋」

製造しているし、堤防にはなお護岸的の工事を施している。

川向かいへ渡ろうという話も持ち上がったが、時も遅くなっているからというので、新設工事中の有沢橋を撮ることに決し、東岸の堤防上に三脚を立てた。月嶺子は相変わらず寒がっている。

翁は『橋上に人のいないのも面白くない』というので立ちン坊の月嶺子は橋の上に立った。レンズに写ったところはコレそのまゝ、左に立っているのは工事監督。（黒頭巾）

人造石はセメントに砂、花崗岩、石灰岩などの砕石を加えて凝固させ、自然の石に似せて製造するものだが、明治末期の日本ではまだ未製法のようなので、ここはコンクリートのことを指していると思われる。左端がその仮小屋だろう。東岸から写すというから、橋上の彼らは上流を見つめている。この日の散策はこれで切り上げたようだ。

現在の有沢橋（457.4メートル、1963年に永久橋化された）

記事で触れられなかった写真がいくつかアルバムに残るので、紹介しておく。

○アルバム説明「神通川木綿晒《さら》しと月嶺氏」

ずいぶん長尺の木綿布だが、こんな高い干し台にどのように吊るすのだろう。風が吹いても大変そうだ。木綿織物はついているゴミなどをとっても、そのままでは純白ではないので漂白が必要。布を灰汁と石灰で煮て、石臼で搗いてよく浸透させたのち、河原などに広げ日光で漂白した。

○アルバム説明「磯部郊外　化製所」

一月二十六日、「悪臭、富山全市を包囲す」の見出しで、「市民健康上の一大欠陥を駆除全滅せん」と非難した製造所である。写真は三月に「アラカス肥料製造所の建物」と説明がついて載った。

アラカスは、蒲鉾に用いた残りの腐敗肉や魚腸など魚の荒粕のことで、蒲鉾業者たちは廃物を肥料として農家へ販売していた。少しでも加工して販売する方が利益は大きいと工場操業に切り替えたが、昨年の洪水で製造所がかなり破損、休業していたところ、工場の元工手某が同所を買い取り再稼働したので悪臭騒ぎに

なった。南風や西風が吹くと富山市全域に魚の腐敗臭がたちこめ、頭痛・めまい・嘔吐を起こし、肥料取締規則に違反すると記事は告発している。

当時すでに公害という語は存在したし、市民が迷惑している事態があれば告発する報道が富山でも始まっていた。記事の結びに「警察部は当業者を保安課に召喚して、来る四月までに移転すべく厳命せり」とある。製造所は長柄町口を離れること数丁の八尾街道沿線にあると記事は記している。地図では矢印のところ。もう少し北方、堤直下の四角囲いは「屠殺場」である。

二月になって市の北部へと彼らの足は向かう。

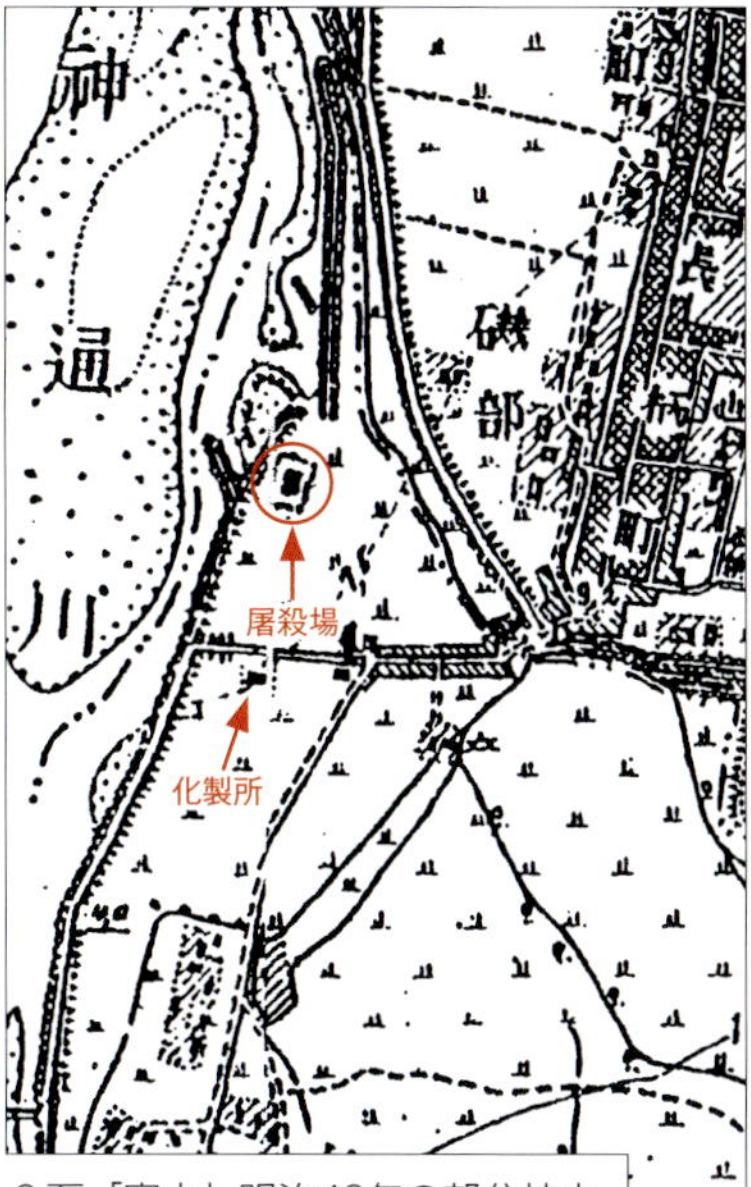

2万「富山」明治43年の部分拡大

江花のアルバムには城址内にあった県庁や隣りの議事堂、米穀検査所・巡査教習所、城址の小公園も撮られているので、紹介しておく。

「県庁門外石垣際ノ紅葉」

「県会議事堂ト高等女学校」

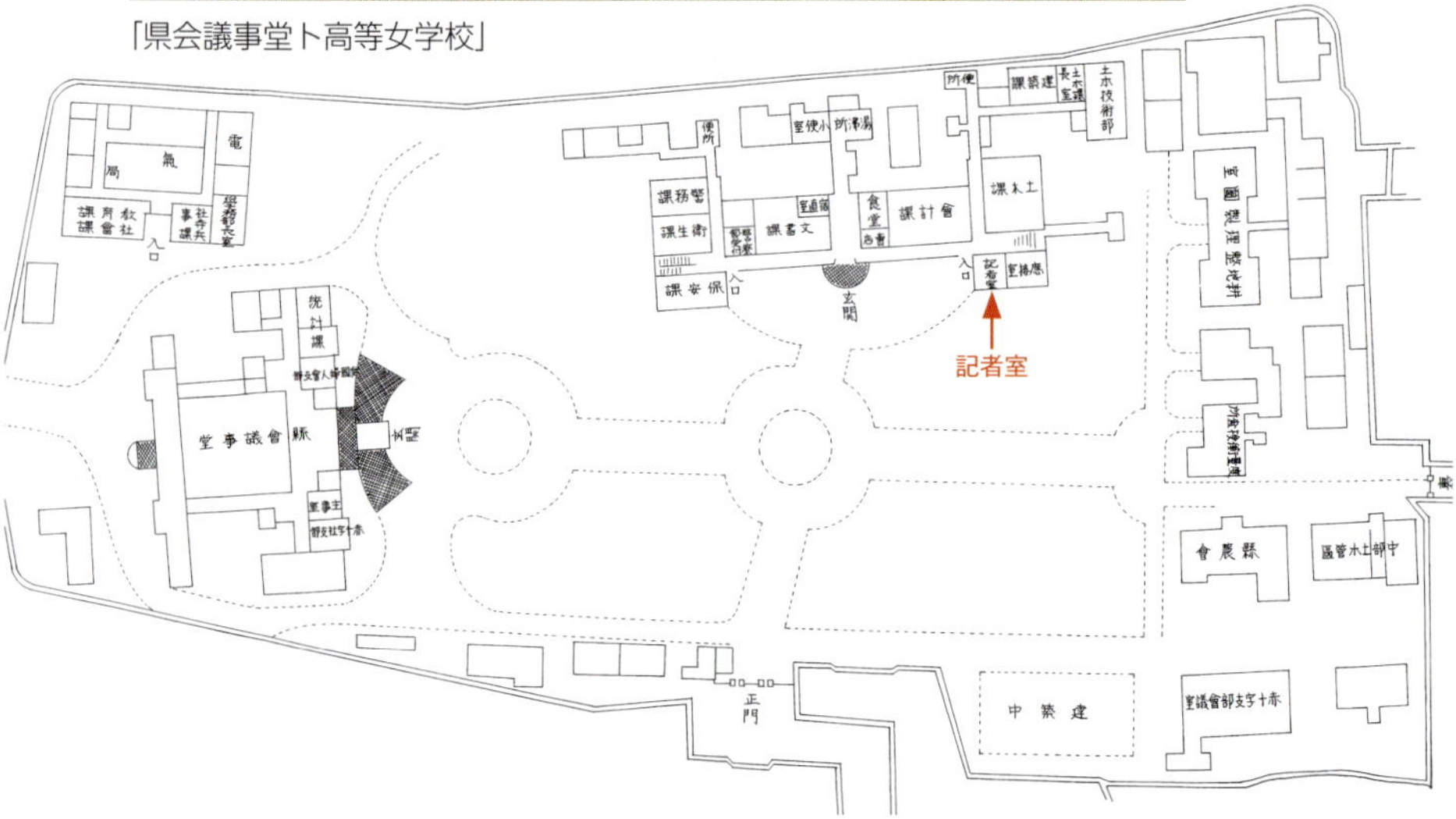

明治後期の「県庁構内一覧図」

右「県庁濠端ノ枯林」
下「県庁ノ玄関。正面ハ県会議事堂」

上「米穀検査所　巡査教習所」

下「県会議事堂前ノ月嶺及朗月両記者」

下「県会議事堂前花壇ノ月嶺ト朗月両子」

紀元節の前日、県庁の新聞記者室で日報の白門クンと本社の月嶺、朗月の両氏を撮影した翁は、両氏を伴うて帰途に着いた。

紀元節の前日は二月十日。三人の記者は左から高岡新報の江川朗月・高田月嶺、富山日報の横山白門の各氏。一つのテーブルに各社が肩を寄せ合って執筆している。他社と区別できる記事をきちんと書かねばならない記者は大変であろう。県庁の記者室は図のように入口のすぐ脇にある。隣りの応接室で県職員に共同インタビューもしたりするのだろう。

裁判所の裏手を通って知事官邸の前へ来ると、月嶺子は江花翁に両官邸の門構えを撮ったらばと勧めた。お人好しの江翁は『よかろう』といって三脚を立てゝ撮られたのは知事邸と大芝警察部長邸の門構え。

江花らは県庁を出ると、「裁判所の裏手を通って知事官邸前」、それから「愛宕新地」へ回っている。愛

「県庁記者室内　横山白門　高田月嶺　江川朗月ノ執務」

宕新地へ行くなら、県庁から桜木町へ出て東の桜橋を渡るのが最短だが、その桜橋は昨年九月の洪水で流失、再架の工事中で通れないので遠回りしている。
知事官邸・警務長官邸の「門がまえ」を撮るよう

「富山県知事官邸」

月嶺が勧めるのは、昨暮れ、「のこれる門」というスケッチシリーズを載せたことと関連があろう。明治になって何度も大火に遭った市内だが、富山藩時代の重臣や有力町人宅の重厚な屋根付き門のいくつかはまだ

「富山県警務長官邸」

高岡新報・明治43年12月19～21日

2万「富山」明治43年の部分

残っていることをそのスケッチ群は示す。そんな江戸期の門に対比して、明治の殿様である両官邸の門の重厚さを読者に問うてみるのも面白いのではという提案だろう。知事は昨年六月に北海道庁内務部長から栄転してきた浜田恒之助。

我らの一行が神通橋の上へ行くと、川はほとんど枯渇して昔日の名残を磧に止めている。独り旧態依然として英姿を表しているのは立岳一帯の日本アルプスの佳景である。

橋を渡り越そうとすると、愛宕裏手の川中に材

「神通川下ノ木材」

木が流されてある。翁は眼鏡越しに河面を眺めて三脚台上のものとしたるは即ちこれ！（黒頭巾）

河の曲線部を短絡して直線にする馳越し工事が進んでいる。元の河身部にはほんの少し流れが残され、飛騨から川流しで下げられてきた材木は神通橋下のここにも集められている。右岸の大きな裸樹は先述した富山県庁の裏手の榎である。

三月十一日の「大仕掛けの製材場」という記事によれば、流木は十一月ころに始められ、二カ月ほどかかって富山平野に出、すぐの神通村（富山市街より十キロほど上流）辺に到着、そこの木梠《ころ》場から再び筏《いかだ》を作り河舟で曳いて運搬されてくる。この二月上旬は流材整理の季節、写る一艘はその曳舟かもしれない。吉城郡上宝村の官林で伐採された松・落葉松・檜など直径二尺（六十センチ）以下の材木で、一艘の筏舟が運ぶ量は丸太なら二十本という。

昨年九月の洪水時、富山薪炭会社が川辺に積み上げていた材木について面白いエピソードが記事にある。積み上げていた材木が流失し始めたため、薪炭会社は付近の舟夫に懸賞つきで流材を拾い集めてくれるよう頼んだのであるが、舟いっぱいに木材を集めたってわずか「三十銭」の礼金というので誰も応じなかった。長さ二尺五寸（七十五センチ）に切り揃えられた雑木薪。舟夫連は「コロリザブンと舟の方へ拾うてくれろと云わんばかりに寄り添う材木をすげなく鳶口《とびぐち》で跳ね飛ばす始末」といい、流木は河口まで下って海辺を漂っている。船乗りたちは胸の内は拾いたいが山々なれど、隠匿罪とやらの罰が下るというので流し目の体でいるところ、智恵ある警察署長が流材を「拾得物扱い」にすると宣言、売価の一割五分以下がもらえると示唆したため、たちまち莫大な量が拾い上げられた、これぞ臨機応変の妙とするという記事になっている。

なお、江花が流材に注目したのは、昨一九〇九年に持ち上がった飛騨と富山の両県にまたがるヤナ漁問題を想起したためかもしれない。神通川流域に何カ所にも仕掛けられた「ヤナ場」を流材が破壊した問題で、県当局はいたずらに流材認可を与えていると高岡新報は他紙にさきがけて報道したという経緯がある。

神通橋を通り越し、愛宕堤防を伝って桜橋の方へ脚を移す。洪水当時の惨状を語り行く時、新地近くの堤防下に大きな枠が陳列さるゝのに眼が着く。『何だろう?』と反問するところ、月嶺子は『判らぬものは調査するに限る』と例の蛮声で枠を乾している男に対し『アリャ何ですい』男は『シデ紐です』と答えながら仕事場へ入って行った。血気の朗月は実業調査と叫び堤を降りて仕事場へ志す。江花翁がこの間にシャッタを切りしはこの写真。（黒頭巾）

シデ紐というのは寿司や和菓子などをくくる際に用いる特殊な紐。ごく細い綿糸を縦に何本か並べ、糊をつけて一本にし、大きなカゴに巻いて自然乾燥して仕上げる。記者が叫ぶほど、たしかに珍しい産品である。

シデ紐 細3mm幅 オレンジ【新価格】

シデ紐 細3mm幅 紫【新価格】

シデ紐 6mm幅 ベージュ

シデ紐（京都勝藤屋のカタログから）

「神通川北　愛宕ノシデ紐所」

が、駅弁の登場が需要を大きくしているのだろう。当時の駅弁の包装容器がどんな様子か詳しいことは分からないが、折箱に中身を詰め、紙で包み、シデ紐で結わえていたと思われる。

この年の八月二十五日、北陸タイムスが「北陸各駅の弁当」という記事を出して、主要駅の駅弁を比較している。普通弁当は金沢一等、今庄二等、福井三等、富山四等、敦賀五等。「菜」は今庄一等、福井二等、金沢三等、敦賀四等、富山五等と、富山は下位に甘んじるが、「飯の量」は富山が百三十一匁で一等、「鮨」でも富山が一等である。ちなみに富山の弁当の菜は「アラの切り身・玉子焼き・筍を重とし、紫蘇巻・佃煮・煮豆などを組み合わせ」るが、「玉子焼きは気味悪きほど黄色を帯びて混ぜ物あることを連想せしむ。また魚の切り身は甚だ乱雑なり」と酷評されている。

人々の暮らし、多くの商品がまだ地産地消のサイクルの中にあった時代をしのばせる光景である。

愛宕新地裏手の堤防を伝うて牛島村地先へかゝる。月嶺子は先導になって磧へ降りた。どうしたわけか知らないが、泥濘《でいねい》深くって靴の半ばを没するという始末。翁は眉をひそめて『大変の処へ案内したもんだ』と小言をいっておられるが、月嶺子は平気の平左で笑っている。

一行は堤上から愛宕新地の様子も見たであろう。晴れた休日のこと、遊郭の女性たちの赤い蹴出《けだ》しがたくさん干してあったに違いない。娼妓は七十六名、芸妓は五十八名いるという。一九〇五年六月「富山日報」の「富山遊郭の縁起」から少し紹介する。富山町の公的（！）遊郭はここ「愛宕新地」と稲荷町「東新地」の二カ所。江戸期の富山藩主は（加賀藩主も）遊郭をずっと公式に認めなかったが、元禄の頃より飛騨街道の出口（中野町）、越後街道の出口（稲荷町）では私娼を黙認するようになった。天保ころになって北新町にも私娼が黙許となり、維新後は公認されたが、一八九五（明治二十八）年の火災後に移転して形成されたのが東新地。一八七五（明治八）年に県令が城址北隅の地を遊郭に指定（桜木町）、一八九九年の大火後、川向かいへ移転されて愛宕新地はできた。

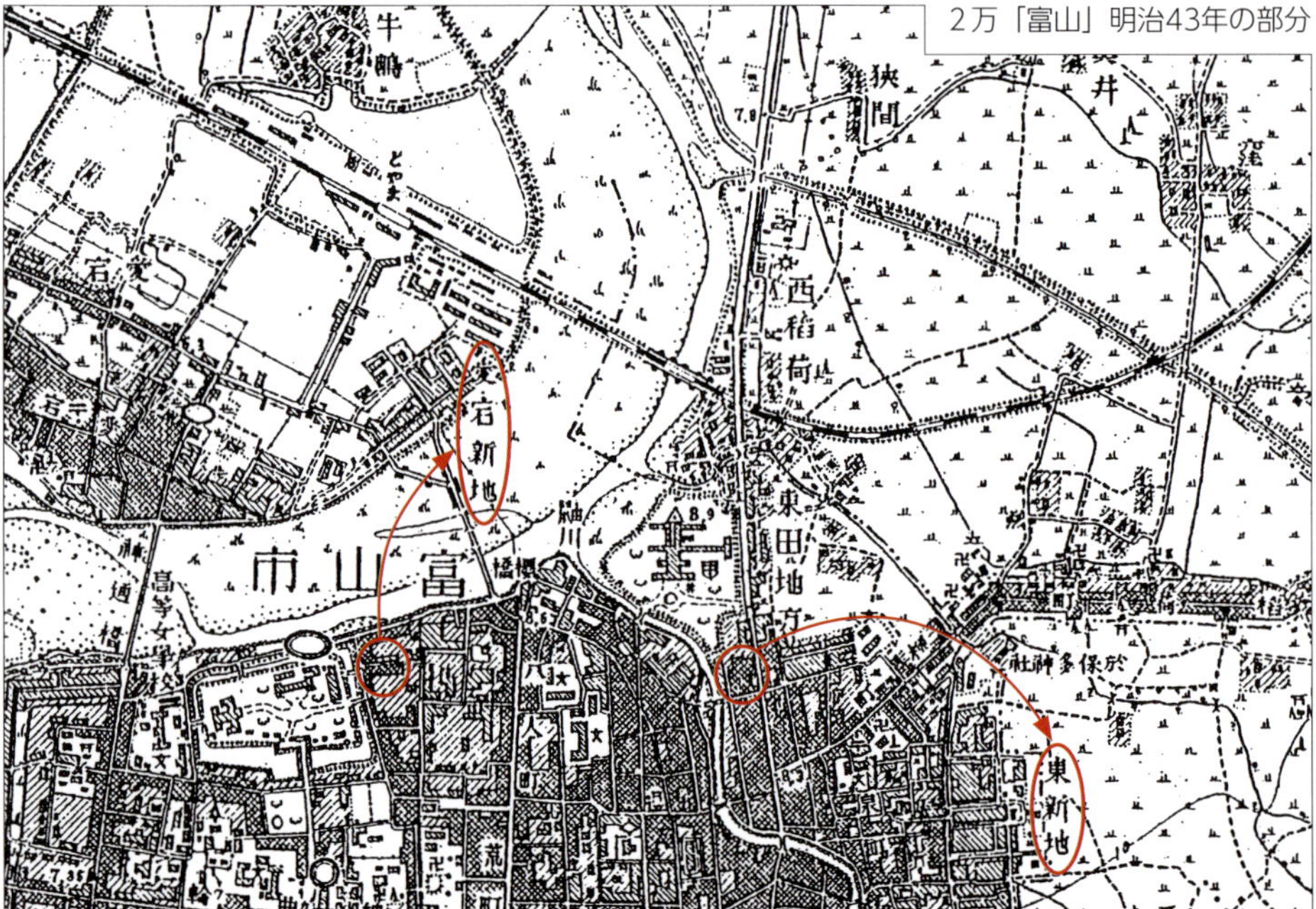

2万「富山」明治43年の部分

前述のように神通川西岸の「田刈屋」に仮駅を置いた富山駅が、二年前に愛宕町北部に移転した。廃娼運動が興っていたため、鉄道駅のすぐ近くに遊郭のあるのは不都合という建前論が出て、愛宕新地の遊郭はさらに東新地に合流するよう県が勧告している。しかし日露戦以後、ずっと不景気続きで、貸し座敷業と料理店あわせて四十軒は県に移転延期を願い出ている。

　廃娼運動はキリスト教者らが明治初期から始めているが、富山に現われたのは明治二十年代のようで、一八九二年八月三十日「北陸政論」に「廃娼運動、富山県に始まらんとす。主唱者は金山・寺沢・魚住氏。まず十三遊郭を廃せんとす。運動の一着として演説を開き、寺沢氏は材料収集のため不日上阪するよし」と記事が出ている。廃娼論が興れば在娼論も興るようで、その前年三月の同紙広告に「在娼熱心の有志者あい謀り在娼会を設立せしに、既に数百人に上る、来る廿一日、当市今町高野屋において開会式を兼ね総会を開く云々」と出ている。

　明治末になお、娘たちの身売りには非道な詐欺商法がまかり通っているようだ。告発する記事がある。

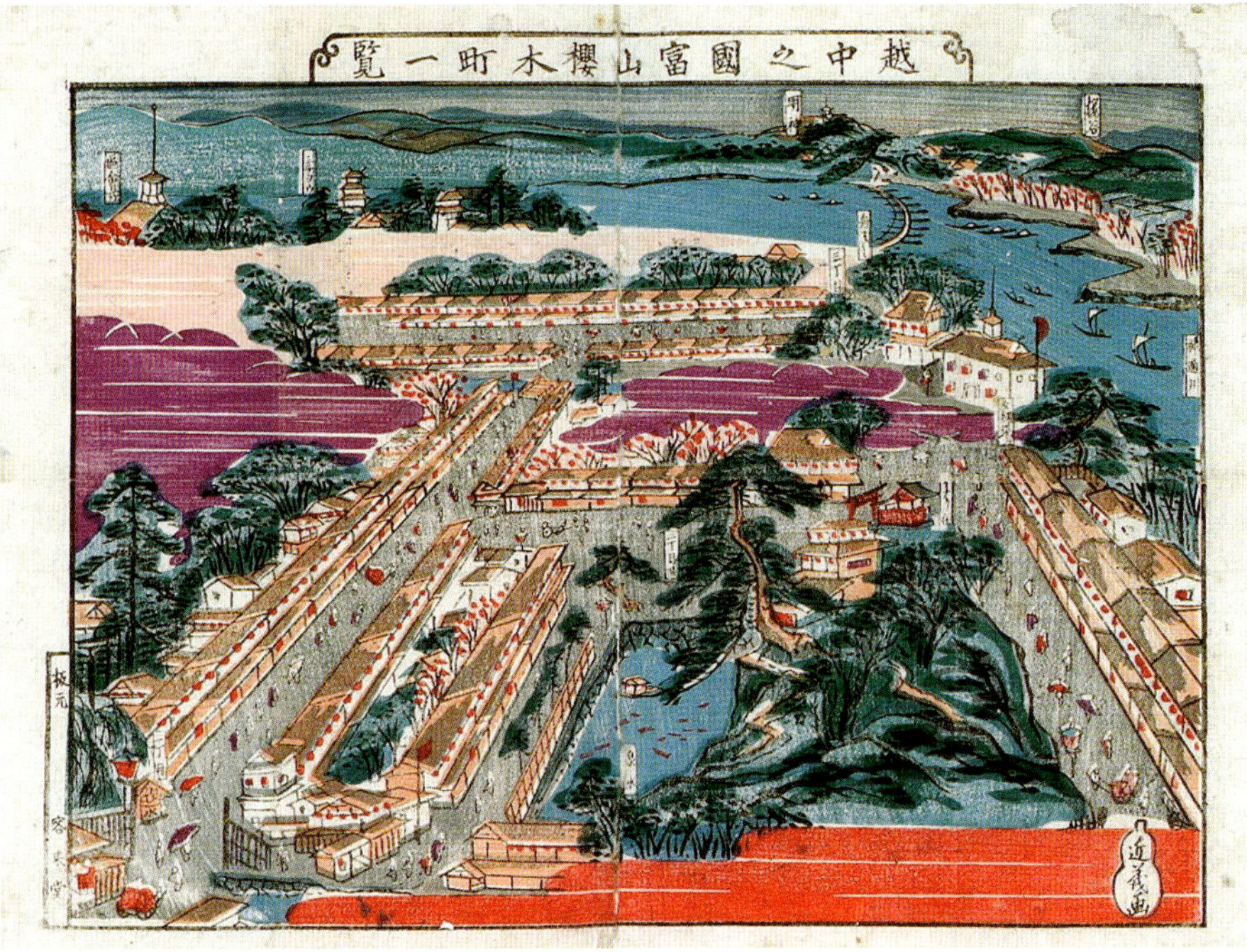

明治９年頃の桜木町（富山市郷土博物館蔵）

「我が娘を遊女に売った母親、寒空に泣く」という見出し（北陸タイムス・一九一〇年十一月）。

記者が身の上を聞いたのは年頃四十五六の大阪の女。家業は靴屋であったが、四五年前に仕事の柱であった息子が死んで糊口に窮し、高利の借金に羽が生え首が廻らなくなった。娘を苦界に沈めることとし、大坂の周旋屋に依頼、七年の年期、前借百三十円と取り決めた。娘は富山の東新地「遊亀楼」に勤めることとなり、周旋屋は娘を連れて遊亀楼を訪ね、手金十五円を受け取り帰阪したが、母親には周旋料十三円を引いた二円しか渡さない。それではならじと母親が富山を訪ね、遊亀楼に約束の残百三十円を受け取ろうとしたが、楼主は「百円は娘の商売着物を買わねばならず、十五円は先に周旋屋に渡したから残り十五円、それを渡すけれど代わりに娘の籍を私の家に入れて養女とせよ」と迫った。可愛い娘を手取り十五円で渡せとはあまりに非道、この上は娘を引き取らんとしたが、十五円を返さねば娘は渡せぬというので母親は途方に暮れているという記事。遊郭の仮想的養子縁組が禁止されるのは、ようやく九年後の一九一九年である。

『中越商工便覧』1888年より

あちらこちらと徘徊《さまよ》ったが、レンズに容れる処もない。だんだんと進んで鉄橋付近へ来ると、砂原には僅かに残雪を残し対岸に短艇《ボート》が二艘ばかり繫がれてある。その景容がまことに油絵然としていたで、江翁は三脚を立てられた。嶺、朗両子はその佳景をバックグラウンドとしてレンズ中のものとなる。

北陸線が旧の神通川を渡る鉄橋の下あたり、写真のここらは河身の湾曲部で深い淵となっていて、「すごいくらいの箇所」であったと他紙に記されている。月嶺が泥濘の中、あくまで案内しようとしたのはかつての淵を見んためであったかもしれない。アルバムの説明に「神通川ヤキヤ下の鉄橋」とあるが、《ヤキヤ》の意は不明。

短艇、つまりボートが係留されている。この辺が短艇レースの練習場で、おそらく富山中学校（堀川村）のボート部である。三年前の九月、この下流の馳越《はせこ》し本流で行われた同校のレースがレポート記事になっている。全国大会で「月桂冠」を得た選手もいて、農銀

明治中期の芸妓（福光町図書館蔵）

「神通川ヤキヤ下ノ鉄橋　月嶺・朗月ノ二子」

上と同じ現在の場所（北陸線が松川をまたぐ）

頭取や中佐など数十名の来賓、数十名の声援隊の見守る中、往復六百メートルを四分内外で争っている。昔は学校対抗の競漕であったが、禁止されたので今はあまり技術が振るわなくなったとある。

「北へ北へ」を続行して神通橋北愛宕裏手の堤上を進んで行くと、牛島磧へ出た。泥濘に靴を没する処を朗月氏の先鋒で江花翁を中央に月嶺氏を殿軍として漸くのことに沙原へ出た。対岸の堤上は緑の衣を着て静かに流るる神通本川に影を写し白色に塗り上げた短艇が二艘、岸に繋がれ、暗赤色のガードと上下調和して油絵然たる景色を呈している。

翁は嶺、朗両子を景物裡のものとしてシャッタを切られたが、肝心の種板はそれでなくなった。種板を入れ換えるにも暗室はなし、とやかくやと評議の末、三人のオーワーコートで臨時の暗室をこさいようと企てた。しかも見事失敗に帰したで、対岸に渡るべく月嶺子は舟を呼んだ。お心好しの船頭は舟を貸してくれたが、川越をして登った処が月嶺子の知り合いなる金山某氏の茶亭。そこで種板を入れ換え、庭で撮ったのはこれ！

ここまでシャッターを六回切って種板がなくなったというから、乾板二枚入りの種板を三枚保持しているようだ。入れ換えたこの後も写真は六枚ほど撮られている。舟と船頭が近くに居合わせたので対岸に人家を

「神通川畔　金山氏方茶室　月嶺・朗月」

求めることになったのであろう。写真では狭い川幅に見えるが、結構あるようだ。茶亭をかまえる金山某氏は、市会議員だった金山米次郎氏のことか。写真で茶亭のすぐ前にいる人物がその当人であろう。手前二人は月嶺と朗月。

金山氏の茶亭を辞して岩瀬往来へ出ると、朗生は『帰宅説』を持ち出す。嶺生は『まだ撮るべし』と反対に立った。すると江翁は『モー二三枚』と出られた。で打ち連れて更に岩瀬往来を『北へ北へ』と続行する。

金山氏茶亭は文の運びから推定して地図上の印の辺だろう。新聞には未掲載の「岩瀬往来」へ出た辺りの写真が残っている。アルバム説明は《富山より岩瀬への御道中》。ここに暗く写る森が先の神通川鉄橋の写真に見えた森であろうか。よく見ると手前から森の方へ向かう小川があり、橋のようなものがある。岩瀬往来で橋の架かる箇所は地図上にも存在する。水車場もあるその辺であろう。岩瀬往来は神通川河口の港・東

2万「富山」明治43年の部分

岩瀬まで七キロの主要道。

二三丁ばかりも行くと、右手に八幡神社の社が寒そうな日に照らされいる。江翁はそれを見ると『先年、岡田穣君と社頭の松を写すに来たことがある』と昔話をされた。朗生は『これはどうや』といったので、三脚を立てゝレンズに入れられた。

往来に出て「二、三丁（ほぼ同百メートル）ばかり」とは、北陸線を横切って、三年前にできた奥田発電所（石炭火力）あたりまで行ったことになろう。地図に記されないごく小さな八幡社だが、三、四本の松樹は社頭の右手前に写る人物の背丈から考えて三十メートルはある大樹である。「岡田穣君」は不明。

「東岩瀬街道ノ八幡社ノ森」

「花見橋ヨリ赤十字病院ヲ望ム」

東田地方《でんぢがた》の八幡社をレンズに入れて帰途に着き、花見橋に差しかゝると鼬川《いたち》が寒そうに流れていて、赤十字病院が白く松林の上から河の流れに影じている。『四月になれば宮殿下の台臨がある』というので、三脚を橋上に立てゝシャッタを切った。

岩瀬街道をまっすぐ戻り、赤十字病院前の松林を写し、鼬川の花見橋の方へ曲がって、橋上から松林の上に頭をのぞかせる洋館二階建ての本館を写している。日本赤十字社の富山支部病院は一九〇七（明治四〇）年五月一日、全国で五番目という早期に開院したが、病院が新築落成したのは当の一九一一年、総裁の閑院《かんいん》宮夫妻をお迎えした四月五日に落成式が挙行されている。一万七千坪という広大な敷地は、富山市が「富山遊園」として松木・花木や築山・泉水を造って行楽の地としていた地で、そこを買収したもの。他紙によれば、病院は「蒼く塗り上げられ」ているようだ。

赤十字社富山支部病院を写して上流を眺むる

「富山鼬川花見橋上ヨリ群レタル家鴨」

と、家鴨が数十群がって遊んでいる。それが背景と調和して好い景物をレンズの前に提供している。市会の問題になった鼬川の堰《せき》なるものは依然として問題になるらしく横たわっている。

花見橋からこんどは上流。右岸は西中間町、左岸は小島町。アルバムに「群れいる家鴨」とある。マガモを家畜化したもので数メートルほどしか飛ばない。肉と卵の食用を目的に、江戸期から川や池を利用して放し飼いされてきた。河畔に八清楼《はっせいろう》という料亭があり、うどんやソバに鴨肉をのせた鴨南蛮を供するというから、そこの飼育と思われる。

《市会の問題になった堰》というのは、写真の右奥に黒々と川を堰き止める低い堰堤のことだ。水車業者が設けているもので、この記事掲載の十日ほど前、富山市会で岩田大中議員（翌年に衆院議員）が質問した。堰堤に塵芥がたまり衛生上よくない、堰を撤去すれば相当に上流まで小船も通える、水車場を買収するつもりは市にはないのかと。市は「河川敷は県の所有にして、市がどんな関係を有するか県と交渉してみねば分からぬが、塵芥の問題は水車場の責めにあらず、沿岸市民の不心得による」と答弁している。

鼬川における水車利用は製薬の動力源として江戸期から重宝されてきたもので、明治以降は蒸気エンジンの利用も始まるけれど、紡績など諸産業に利用されており、まだその重要さは衰えていないと思われる。ただ、商品物資や人の移動はますます激しくなり、船の航行もまた必要の度を増していよう。都市の近代化というとき、市民の日常レベルや市会レベルでさまざまな選択がなされてきたことが思い起こされる。

「赤十字富山支部前松林」

霜枯れ

一九一〇(明治四十三)年十二月六日〜十四日

霜枯れ

富山市より四方町への街道田刈屋村邊の島野邊より満目荒涼として霜枯れの寂し味を見るべし

最後は「霜枯れ」と題する三枚。アルバムにはいずれも新嘗祭《にいなめ》の休日、十一月二十三日の日付がある。

富山市より四方町《よかた》への街道、田刈屋村《たがりや》辺の鳥野辺なり。満目荒涼として霜枯れの寂し味を見るべし。

アルバムの説明は《雲涯兄弟と共に散策、四方街道郊外、火葬場辺の霜枯れ》とある。「雲涯」は倉田長太郎といい、富山市の清明堂書店に勤めていたが、本の配達をきっかけに江花の目にとまり、高岡新報社に入社、新聞カメラマンとなった人物。この記事の翌年には江花を団長とする黒部山探検隊に加わり、峡谷の撮影を担当している。

神通川左岸の港・四方町と富山城下を結ぶ街道は、毎朝、港に水揚げされた魚を町の魚屋たちが売りに出る道で、「田刈屋村」はその途中の村。二年前まで富山駅があったところだ。乗降客が人力車に乗り換えるなどした繁華の地だったが、今は「鳥野辺」、つまり火葬場や墓地を間近に見て霜枯れが際立つなあという感慨であろう。地図の「烟突」印が火葬場であろうか。

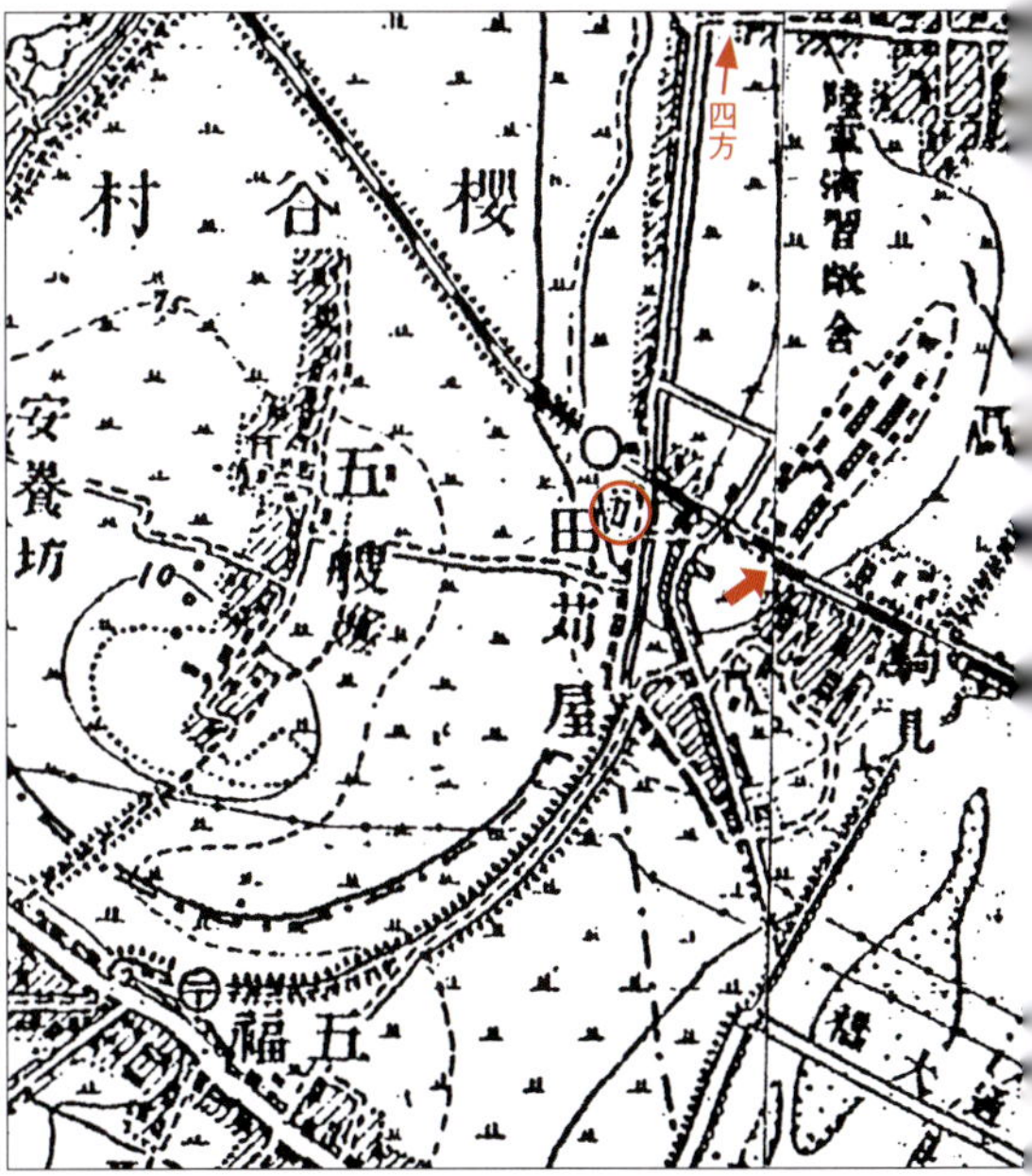

2万「富山」明治43年の部分拡大

写真の建物をよく見ると、屋根の中央に大きな煙突がついている。建物左側は墓地のようで、墓石が樹間にいくつか立って見える。富山県は仏壇が普及しているかわり、墳墓へのお参りが少ないという報告が明治末年六月の同紙にある。また、火葬が土葬より圧倒的に多く、石川県と並んで九十七パーセントを占めるという報告もある（大正五年十一月）。新潟県や広島県もそうなので浄土真宗の盛んな地域のゆえと言っていいのだろう。左端にしゃがむ人物は雲涯か。

もはや何の用事もない箇所となった富山旧停車場。あたりは人目も草も枯れ果てて昨今初冬の景色の物哀れさ、うたた有為転変の定め難きを思わせる。

北陸線が高岡から富山まで通じたのは一八九九（明治三十二）年。その時の富山駅はここに出てくる「田刈屋」村に設けられた駅であった。富山市街の北側を大きく湾曲していた神通川を真っすぐに付け替える工事が始まっていて、それを越す鉄橋の建設が間に合わなかったためである。仮駅から現在駅へ移転したのは九年後の一九〇八年十一月十五日、富山と魚津間が開通したときだったので、この写真は移転から二年後ということ。写真の奥にプラットホームらしい構築物が見えるが、ほんとうに「何の用事もない箇所」と成り果てているのかどうか。地図に「陸軍演習敞舎《しょうしゃ》」と記入がある。おそらくこの廃駅の建物群を指すのであろう。《敞舎》は見晴らしの利く建物という意味のようだが、どんな用いられ方かは分からない。

駅として使用中の二年前はどんな様子だったかも詳

「富山旧停車場霜枯」

しいことは何も伝えられていない。仮駅として使用中の「明治三十四年迅速図」と称される地図が残る。北陸線が田刈屋駅に向け大きな半円を描いている、神通川付け替え予定の直線部にはもともと細流が存在している、五福村から神通橋に至る北陸道が愛宕町の旧ルートを通過している様子が描かれているなど、唯一で貴重な地図である。新聞には移転二カ月ほど前、次の僅かな記事が載るのみ。

「目下、新停車場前へ移転するに決したる運送店、旅人宿、雑貨店などは八、九戸にして、なお新停車場に開業を希望する者少なからざるも、地所売買価額一坪十二、三円の相場なるをもって中に躊躇《ちゅうちょ》して今に決定に至らざるものも多き模様なり」

写真の右端の建物は手前の農家のもので、少し奥の中央の建物がプラットホーム、左が駅舎か倉庫のようだから、撮影の場所は前頁地図の印の場所と推定することが可能である。懐手《ふところで》の人物の少し向こうに鉄道線路があることになる。アルバムに《十一月二十三日の新嘗祭日、雲涯氏の兄弟と同伴にて》とあるから、懐手の人物は兄弟の一人であろう。

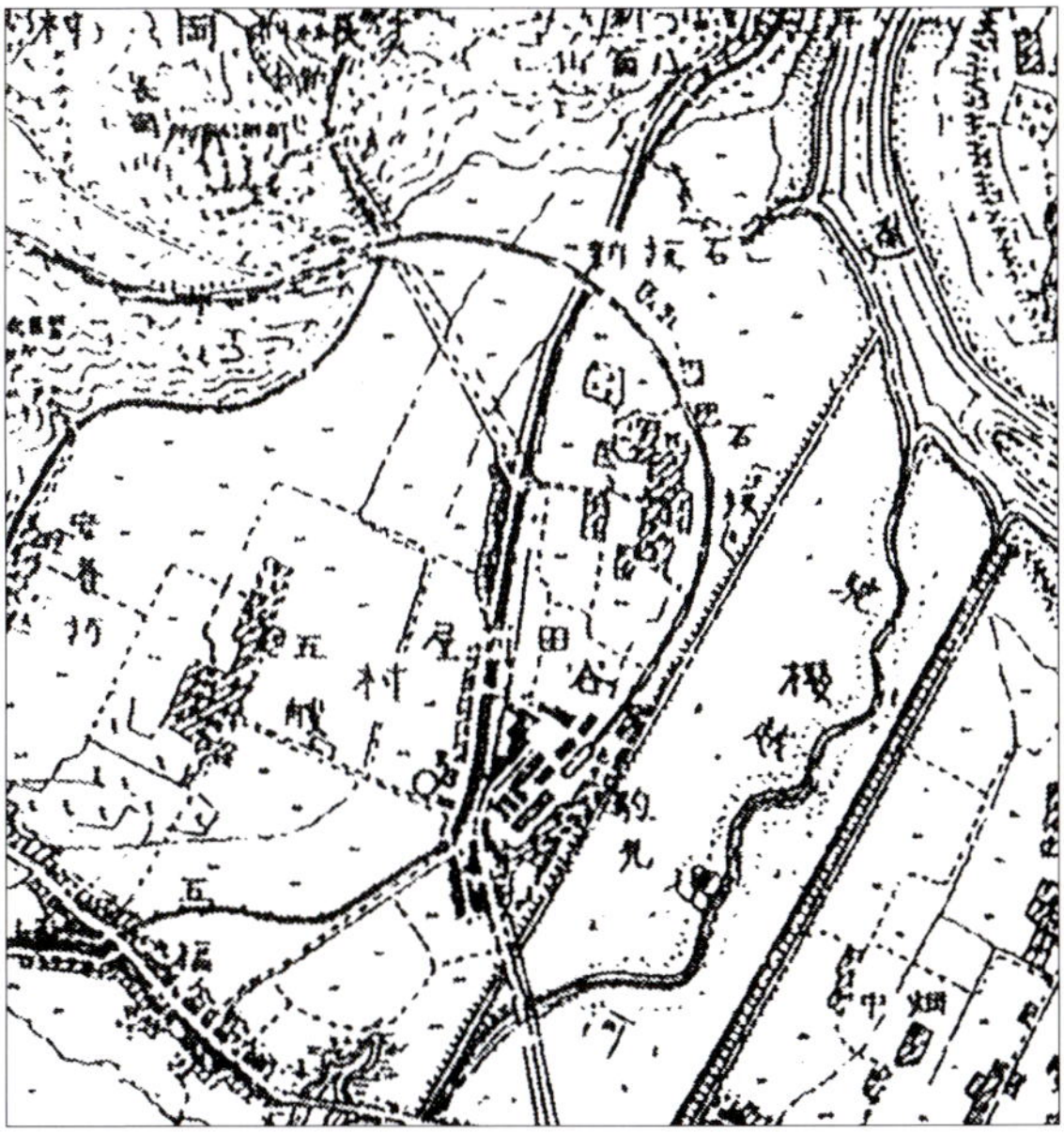

「明治34年迅速図」より

明治末年、大きな廃用地や廃用施設が生まれたわけであるが、近代の歩みが急ぎ足となるのと期を一にして廃駅、廃川、そして廃村という語が生まれていく。

呉羽山麓、四万石用水の霜枯れ。堤防の雑木林はすでに黄落し、流水潜々としてそぞろに初冬の寒を感ず。

「呉羽山下四万石用水」

四万石用水は牛ヶ首用水の別名で、神通川が飛騨から富山平野に出た付近に取水し、はるばる呉羽山麓まで引いて（麓の北裾をめぐり西側部まで）江戸期には四万石を養ったという大用水。写真は呉羽地区の歴史地理に詳しい武内淑子氏に調べていただき、次々頁地図の印Ⓐの辺りと見当がつけることができた。

梅雨時などここらはいかにも青淵となって怪魚でも棲みそうな処である。実際、富山藩の武士であった山田方雄氏の著した『旧事回顧録』に、江戸期にここら辺で釣をした同輩のエピソードが記されている。

「半田幸左衛門と平田円次は親友で、どちらも中条院剣術の皆伝という物に動ぜぬ士であるが、八月の薄暗い夜、二人は申し合わせて長岡山の下の用水にドブ釣に出かけた。針に蛙をつけ、ドボンチョと音させて蛙の水上を行くようにし鯰を釣る。二人は二十間くらい離れている。だんだん雨が降ってきた頃、平田の傍らを大犬（狼）がサッサッと音をさせた。『半公半公、いま大犬が来たよ来たよ』と云うと、半田『構うな構うな』。しばらく経って半田が『平公平公』と呼ぶ。平田『なんだい』半田『大きな鯰が釣れた、手伝ってくれ』平田『大きさはどれくらいだ』半田『三尺余はある、入れ物に入らぬ』そしたら平田は『そんな大きいのは我もいやだ、放せ放せ』と云った」

一藩の一つ噺であるという。狼には動ぜぬ剣の達人が、横で大物が釣れたと聞くと、嫉妬の念をおさえ難い。大物を釣るという小さな出来事に人の心の真実は浮かび出る、そういう噺として人々は魅了されたのだろう。その淵をなすここが、今は霜枯れ。左の雑木林の中に二三人の人影が見え、「堤防」を歩くようだ。アルバムには《夕景》とある。

満々と流下する様がしのばれる大用水であるが、時に大雨などの際、用水は白濁することがあったはず。明治中期、神岡鉱山は亜鉛の採掘を本格化し、神通川上流の高原川に廃滓《はいさい》を垂れ流し始めたからである。鉱滓は微細粒のため沈殿することなく白濁した河水として流下。含まれたカドミウムは用水全流域の田圃にはいりイネに取り込まれてその濃度を増し、人間の体内に入るや腎臓に蓄積された。当時、住民の多くは用水の水を台所へ引いて飲料としていたから、流域一帯にイタイイタイ病と呼ばれる公害病を引き起こされたのである。ちょうど明治末期のこの頃、上流の婦中町で最初の患者が発生していると厚生省は発表している。一九七〇年、鉱山を相手に損害賠償の訴訟がおこる。鉱滓と病気の因果関係をめぐって医学界をひっくり返すような論争がまきおこったが、鉱山法に則って疫学的推論の否定立証は被告に義務付けるという原告側弁護団の賢明かつ画期的な訴訟によって勝訴。現在は世界的にカドミウム原因説は認められているが、その汚染はなお地球規模で進行中である。

アルバムにはこの付近の当時の写真がなお五枚現存するので紹介しておく。

呉羽山下東呉羽村の道、朗月子

遠景が呉羽山。先の武内淑子氏はその山並みの姿から地図の印Ⓑの辺から撮ったものと推定された。この道の山麓に行き着く辺りは歴代の富山藩主が眠る墓地である。いわゆる「御廟」道。真っ直ぐに造られているから藩政期からの道であろう。ここらは桜谷村で、

現在の「四万石用水」長岡御廟へ上がる橋の辺

上の写真の撮影地点を想定した現在の写真（武内淑子氏写）

もっと南に下がったところの東呉羽村ではないが、呉羽村という大きな地域内という感覚によるのであろう。

2万「富山」明治43年の部分拡大

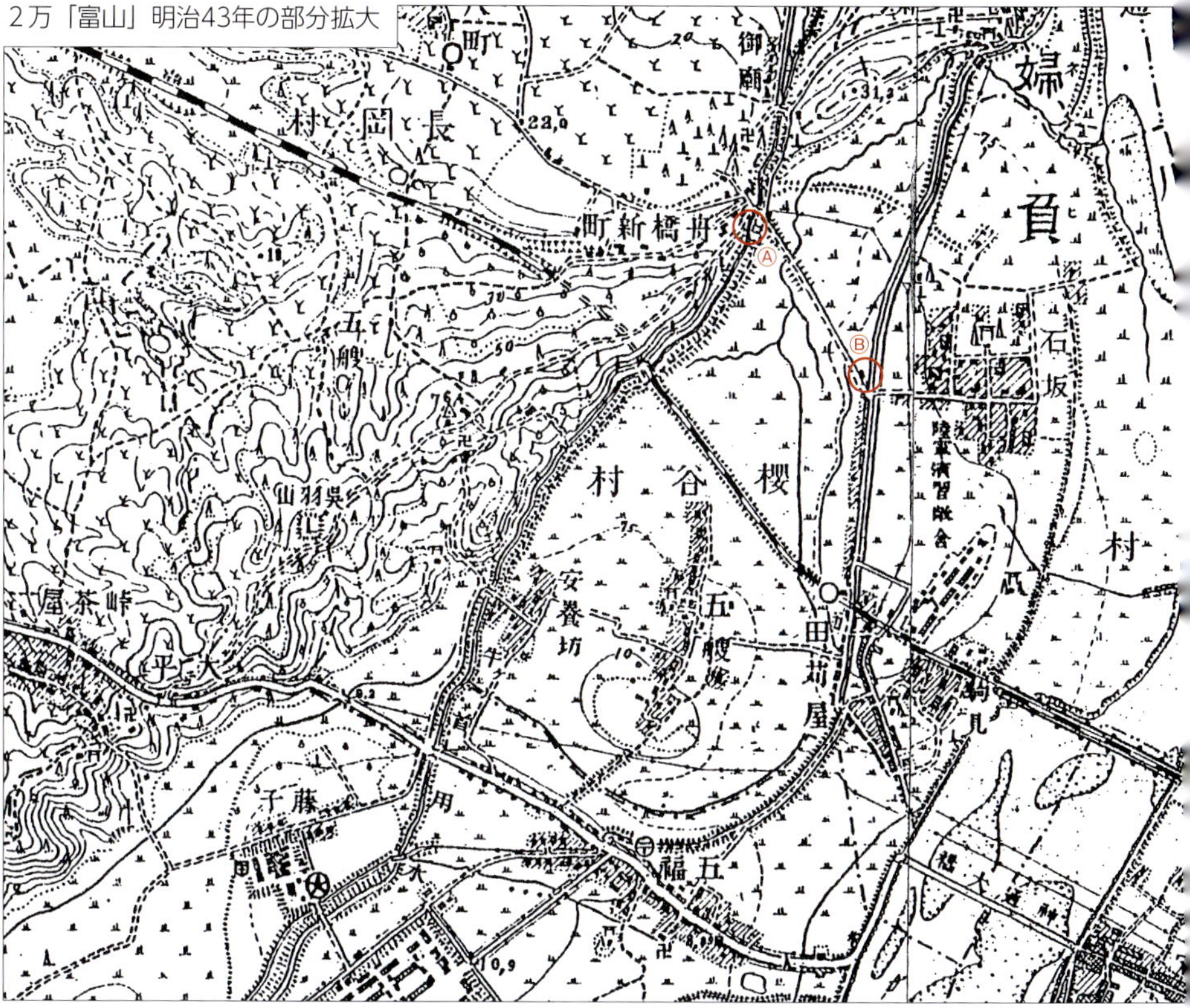

五福村の友人中田長庵氏の家

五福村のどの辺かは不明。中田長庵という人物も不明で、現住の方も聞いたことがないという。

Ⓐ

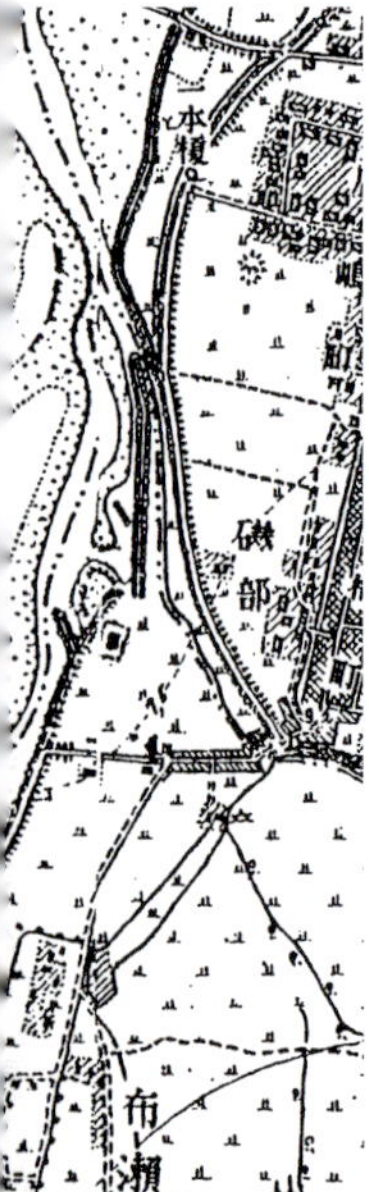
磯
部
布
瀬

「早春の有沢村ハリノ木堤ニ立テル江川朗月子」

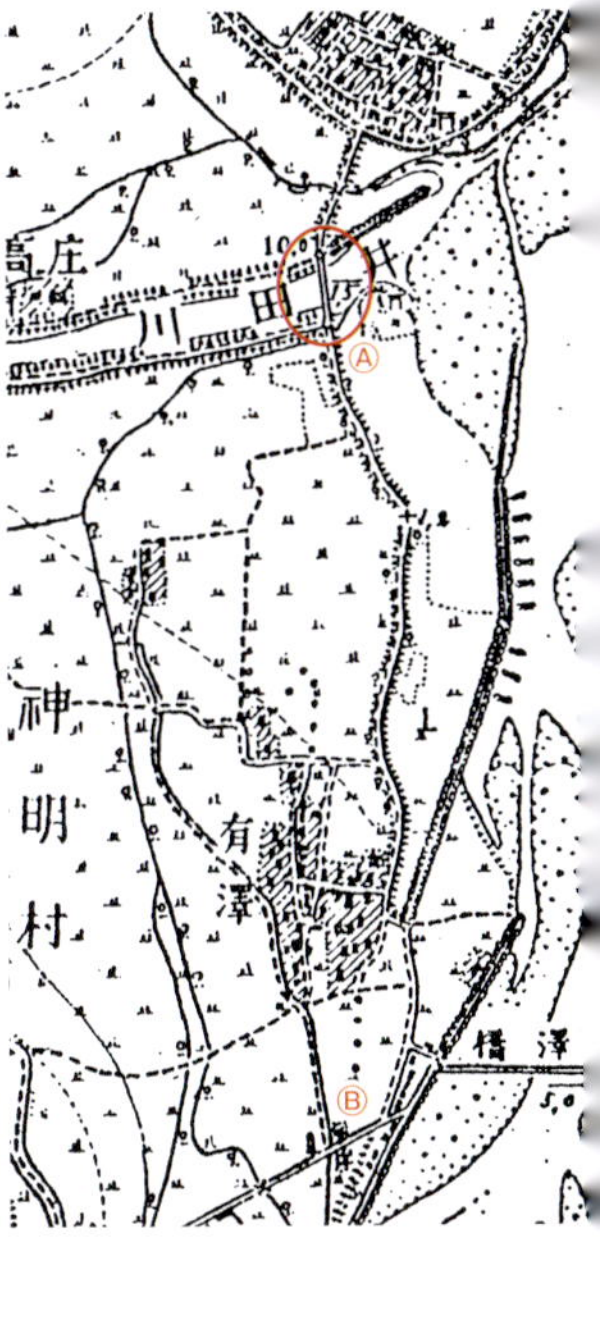

2万「富山」「呉羽村」明治43年の部分

井田川橋上の俯瞰《ふかん》Ⓐ

今もこの橋（もちろん架け替えられている）から井田川との合流点を眺められる。神通川面の向こうに、富山の街影が深い森に包まれて見えるのが印象深い。

早春の有沢村はりの木堤に立てる江川朗月子Ⓑ

写真は右奥に村影が見え、遠景に呉羽丘陵が見えるから八尾街道から有沢村へ入る道だろう。「はりの木」、つまり榛の並木がずっと続いている。田圃の畔や用排水の縁、道端に樹木が茂っていたことは江戸期以来の日本の農村に特徴的な光景である。

一八九五年四月、富山県会議員の武部冉之《ぜんの》氏が県内

河川を視察して「素人の見」と題する長文のレポートを富山日報に載せ、その中で「砺波・射水地方にありては正しく田圃の間に樹木ありというべきも、上下新川地方にありては正しく森林の間に田圃ありというべき」で、富山県は東へ行くほど畦畔に樹木が多いと述べている。樹木は日陰を作って稲作によくない、伐採せよと徳久知事が一八九二年来しばしば訓令を出してきたが、風難虫害を避ける効用があり、刈った稲束を天日に干すため架けるハサの柱になり、薪材にも用いるものなので、実際の得失から言って伐採するのはどうかという議員の意見である。

作物にとって日照はなにより大切であるが、ほかの効用を補って余りある伐採かどうか、合理的に結論を求めることは困難である。「風難」一つとっても各地に各様の風が吹いており、伐採後を予見することは誰にも難しい問題であったし、まして森林の中に田園があるといった風雅の趣、畦畔の樹木の下で一服する楽しみなど、合理の心に弾かれやすいそれらこそが農作の人々の日々を生きる張りであったりすることは知事には見えない事柄であろう。

陰樹伐採の訓令はなかなか行き届かないが、一九〇四年五月の高岡新報レポートによれば、東西砺波郡は「過半」の伐採、有沢村の婦負郡は「八分」の伐採という。富山市は「陰樹は伐採し終わりし」、たしかに前述の磯部の田圃に樹木の陰はまったくなかった。明治中期から後期にかけて日本全国、田園風景の大変化があったことは見落としがちな事実である。有沢村の畦畔にも樹木はあったろうが、写真ではまったく見られない。わずかに路傍の「榛の木」が残されたのも、大河川のすぐ脇の村ゆえ、堤を兼ねた道の路肩崩れを防ぐためなのかもしれない。

有沢村宗吉の家と朗月氏

浅岡《宗吉》は、江花の一九〇三年「はだけ日記」四月二十日に、「百姓青年、肥桶の中に野菜種を入れて来る正直そうなる男なればとて妻が畑作のために雇いたる」と出てくる青年。いつも大根を売りに来ていて、操夫人に気に入られた。日記は続けて「赤ずいき、青ずいき、及び故郷にてつまじろという新菊の種子を下ろし、日没まで後園の手入れをなせしが、種代七銭と半日の賃金十三銭を求めたれば、別に五銭を増し与う。喜び去る。芋は鹿島祭ころ芽ふくべしとぞ。…」

町内の鹿島神社の祭りは五月十一日である。

「五月十三日、午後いつもの浅岡宗吉来たり、胡瓜、南瓜、朝鮮菊の苗を移植し三度豆、つる豆の種子を下す、鹿島祭の終わりに及べども芋の発芽未だし、これを訊ねけるに山王社の祭には出づべしという」。

「六月一日、朝いつもの宗吉来りて、畑物に水肥を施し、且つ今日は山王祭にて銭を遣うつもりゆえ、先日

「有沢村の百姓　浅岡宗吉」

の賃金をくれよと云えるにつき乞うがまま与う。」

宗吉は月に二回ほどやって来て庭の手入れをしていくことになった。先述したように江花は園芸が大好きな人。畑のことで分からないことがあれば農事試験場の人に聞きに行ったり、『蔬菜栽培法』のような本を書き抜いたりするのが日記で確かめられる。手助けの宗吉は江花の語り相手にもなったらしく、次の六月十日には「宗吉は有沢村の者なりとて身上を語る」、七月八日には「宗吉ゆるりと遊びに来り、夜に入り去る」、

富山日報・明治43年５月12日

七月十七日には「有沢村に百姓宗吉を訪う」まで至る。

新聞社の記者と百姓青年の組み合わせは、趣味と地縁のもたらした関係であるが、人と人の間の垣根のなんと低い時代だったかという感慨を筆者は抱く。馴じんだ二人は、宗吉の住む有沢村が水害に遭い、さらに結びつきを深めていく。

水害は九月二十日。だが、江花の「はだけ日記」は八月初めで活字化が途切れており、高岡新報は翌年二月八日まで紙面が図書館に残されていないので、前後から穴を埋め見るしかない。北陸政論が伝える九月二十四日のわずかな水害記事。

「去る二十日の降雨により神通川出水のため婦負郡神明村において浸水家屋床上七戸、同田地約七十町、同畑約十五町」

上流の岐阜県でも豪雨で、大増水したのだろう。地図に見るように有沢村は霞堤のある個所。そこからあふれ出て、収穫間近の稲田に冠水したのではないか。

これに続く情報は他紙にもなく、翌年二月八日以降の高岡新報だけが水害をレポートする。社会面二段抜きの「水害不作村の惨状視察」と題する大記事。この時

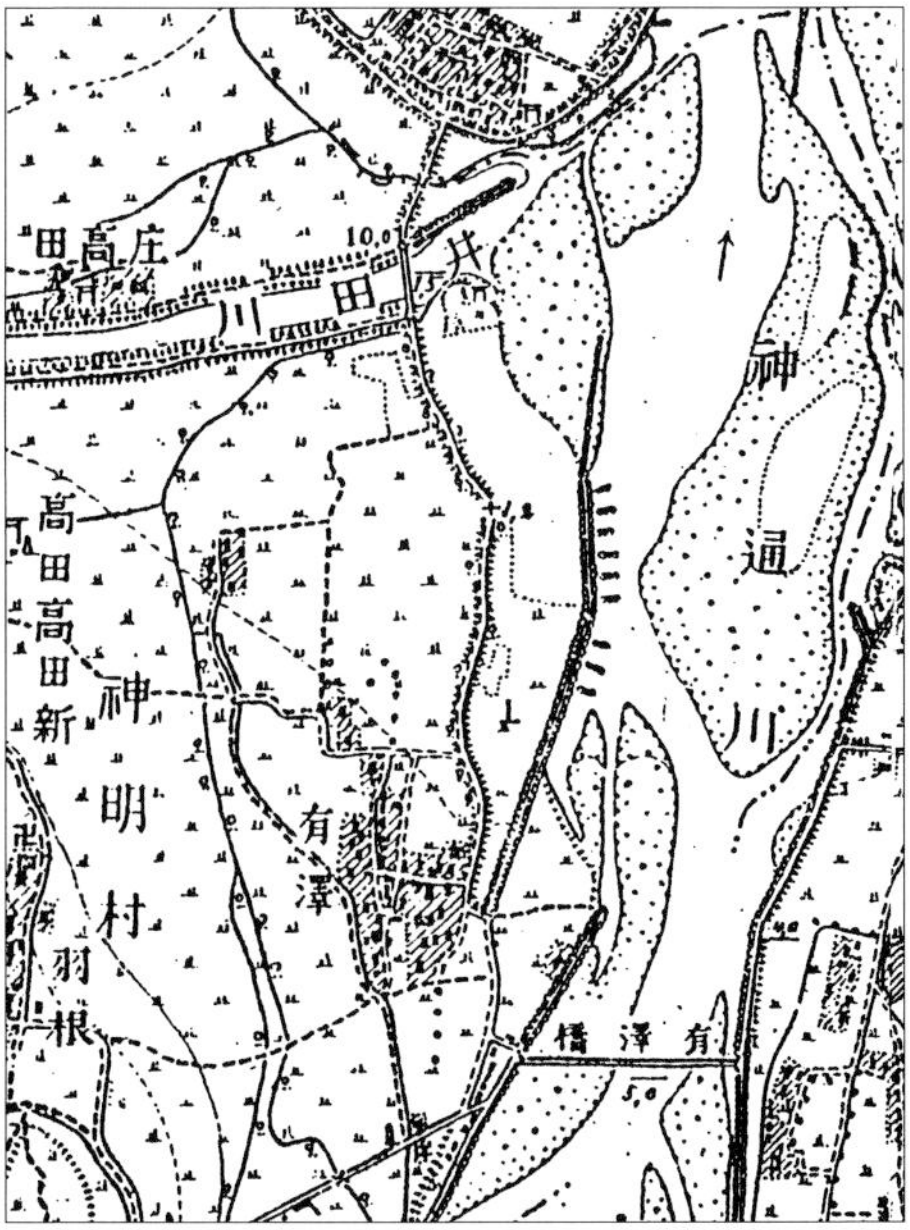

2万「富山」「呉羽村」明治43年の部分

はまだ主筆ではなく、富山支局長扱いの江花だが、紙面構成について任されるところがあったのだろう。

「腐敗した数束のワラを示して、昨年における有沢村の稲はことごとくこの如く。到底一粒の悪米だも獲る見込みなきものに至りては、腐敗のまま田中に棄てて顧みず、ついに鎌を加えざりしもまた甚だ多かりき」

日々の食い物を得ようとする草鞋造りのワラさえ他村の慈悲にすがっているといい、稲穂が長く冠水したことが偲ばれる。いずれ飢餓がこの村を襲うと誰の眼にも明らかであったろうに、どんな救いの手も伸べられなかった。このままではダメだ、その思いに至って江花は被災地レポートへと決起したろう。

他紙が迫りくる日露戦に注意を向ける中、江花があえて一小村の飢餓レポートにこだわるのは、親密な宗吉との関係からだけではなく、日露開戦後の報道方針を見定める中、江花の新聞魂が顔をのぞかせたとみるべきである。

彼の思いを言葉にすることは難しいが、おそらくこうであろう――戦争を報道していけば、それは必ず兵士一人一人の死に触れることになる、戦争による死は避けようのないものだが、富山近郊の百姓一人一人の飢餓死は避けることができる、新聞がそれを見捨てて誰が救い手を探すだろう――。

村へ飛び込んでみれば、とりわけ苦境なのは小作農と分かる。いつも四十石の収穫を得て半分の二十石を地主に上納する人が、昨年は六石三斗の悪米を得ただけ、そこから三石を地主へ納め、残りは三十三歳の当主とその妻と妹、十一歳を頭に四人の子供、五十三歳の母親と八十歳の祖母の九人家族がたちまち食い終え

水害不作村の畫報（其三）

てしまい、今は土方に出たり、草鞋《わらじ》造りで「わずかにシンダとイリゴを混じたる怪しげなるものをもって常食となす」という。

地主は「どうあっても負けられぬ。必ず取るものは取ってみせる」と弁護士を立て、差し押さえの強硬手段。戸障子には残らず封印、臼のごとき農具まで貼り紙の始末。入り口に筵《むしろ》をつるしただけの冷たい土間で七歳ばかりの少女が藁《わら》打ちの槌をふるい、妻が幼児にまとわりつかれつつ草鞋を編む。祖母様に《正月に餅一切れ上げられぬ。どうぞ堪忍してくだされ》と申すと、《わたしが長命をしているからお前にこんな心配をさせる。わたしは餅を食べんでも、お前がそう言うてくれるのがありがたい》といわれたので、私はやっと胸が下がりました、そう語って「号泣のあまり殆《ほと》んど倒れんと」する当主。

日露は二月十日に開戦、ついに江花は連載を「大端《は》折《しょ》りに切り上」げ、「ただ大要を略記すべし」と、開戦十日目の《九報》を最後とする。その大要に「浅岡宗四郎」という家が出る。

「その妻と七十ばかりの老母と四人の子供を有し、その身は富山郵便局小包運搬人となりおれるが、シンダの粉をもって常食とし、一家その枵腹を充たせしことなき有様」と記される。浅岡宗吉の家ではなさそうだが、その類家に違いない。

記事は反響を呼んだようで、七報目に李知事が見舞いに訪れ「銀貨若干」を恵んだことを記す。

「病の祖母が不潔なる室隅に裸体のままボロをかぶりて臥《ふ》し、知事の恵みを謝せんと痩《や》せ衰えたる両手を合わし、南無阿弥陀仏を連称したりき」と。

霞堤はあえて一部の田畑に氾濫を許して本流の増水を抑え、より大きな災害を防ぐというもの。一部の犠牲により全体が助かるわけだから、公的な支援が当然と思われるが、江花はそこに触れる余裕を失って「これを読みて一片の同情を寄せたまえる仁人に乞う、彼らを恵め。」と締めくくる。

これほどの不幸を見ると、江戸期、日本を訪れた多くの外国人が「日本人は幸福な顔をしている」と記したことを思い起こさずにいられない。年貢は村請されていて被災者がすぐの納税を強いられることはなかった。五人組や広域村連合による「備荒倉《びこうそう》」などの稼働

高岡新報・明治37年2月8日

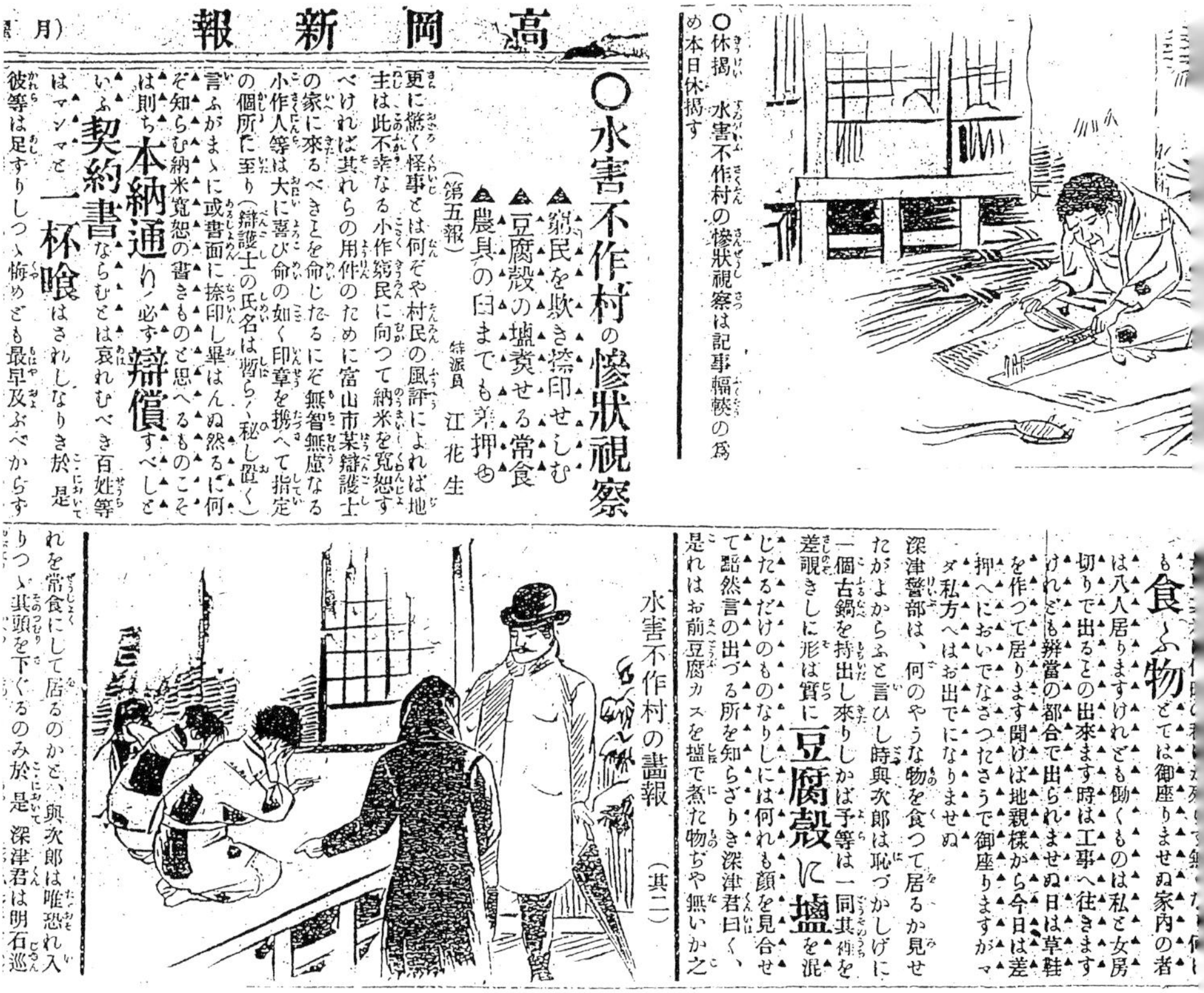

高岡新報　（月）

○水害不作村の惨状視察

△窮民を欺き捺印せしむ
△豆腐殻の塩煮せる常食
△農具の臼までも差押ゆ

（第五報）　特派員　江花生

更《さら》に驚《おどろ》く怪事《くわいじ》とは何《なん》ぞや村民《そんみん》の風評《ふうひやう》によれば地主《ぢぬし》は此不幸《このふかう》なる小作《こさく》窮民《きうみん》に向《むか》つて納米《のうまい》を寛恕《くわんじよ》すべければ其《そ》れらの用件《ようけん》のために富山市某辯護士《べんごし》の家《いへ》に來《きた》るべきことを命《めい》じたるにぞ無智《むち》無慮《むりよ》なる小作人《こさくにん》等は大《おほい》に喜《よろこ》び命《めい》の如く印章《いんしやう》を携《たづさ》へて指定《してい》の個所《かしよ》に至《いた》り（辯護士《べんごし》の氏名《しめい》は暫《しば》らく秘《ひ》し置《お》く）言《い》ふがまゝに或書面《あるしよめん》に捺印《なついん》し畢《を》はんぬ然るに何ぞ知らむ納米寛恕の書きものと思へるものこそは則ち本納通り必ず辯償すべしといふ契約書ならむとは哀《あは》れむべき百姓等《せうら》はマンマと一杯喰はされしなりき於是《ここにおいて》彼等《かれら》は足《あし》ずりしつゝ悔《くや》めども最早《もはや》及《およ》ぶべからず

○休掲《きうけい》　水害《すゐがい》不作《ふさく》村の惨状《さんじやう》視察《しさつ》は記事輻輳《ふくそう》の爲め本日休掲す

…も食ふ物とては御座りませぬ家内の者は八人居りますけれども働くものは私と女房切りで出ることの出來ます時は工事へ往きますけれども辨當の都合で出られませぬ日は草鞋を作つて居ります聞けば地親様から今日は差押へにおいでなさつたさうで御座りますがマダ私方へはお出でになりませぬ

深津警部《けいぶ》は、何《な》のやうな物《もの》を食《く》つて居《ゐ》るか見《み》せたがよからふと言ひし時《じ》與次郎《よじらう》は恥《は》づかしげに一個《こ》古鍋《ふるなべ》を持出《もちいだ》し來《きた》りしかば予等《よら》は一同其中《ごうそのうち》を差覗《さしのぞ》きしに形《かたち》は實《じつ》に豆腐殻に塩を泥じたるだけのものなりしには何れも顔を見合せて黙然言の出づる所を知らざりき深津君曰《くんいは》く、是《こ》れはお前豆腐《まへとうふ》カスを塩《しほ》で煮《に》た物《もの》ぢや無《な》いか之《こ》

水害不作村の畫報（其二）

れを常食《ぜうしよく》にして居るのかと與次郎は唯恐《ただおそ》れ入りつゝ其頭《そのつむり》を下ぐるのみ於是《ここにおいて》深津君《くん》は明石巡…

が仕込まれていて「生存」をここまで脅かされる社会ではなかった。江戸期にも貧困はあったけれど、生存に及ぶ危機の時は一揆という形で蜂起を許す社会だった。明治になって、納税の個人化がこんなに恐ろしい現実をもたらすとは…。いや、制度変更だけでここまで共同体的な救いが消え、自己責任がクローズアップされるものだろうか。文明がガラリと変わったということなのかしれない。何が失われたのか、今後、それを明らかにしていかねばならないだろう。

明治三十六年暮れの新聞に「凶作地窮民施療」の記事がみえ、医療を受けた窮民の薬代支援として十五か村に一円から十円の寄付が行われている。だが、一昨年の被災に対してで、富裕者たちの寄付によっている「私立衛生会富山県支部」の事業である。

この有沢村水害から七年、神通川が再び氾濫を告げた昨四十三年九月、国が「罹災基金法」を発動したことが報道されている。わずかずつであるが、公的支援が整備されているのであろう。

また、都市近郊の百姓と町屋の人がさまざまなルートによりつながりを切らさないでいる、これは小さな希望であろう。宗吉と江花の交流は、翌年七月に江花が高岡市に移住しても続いたようだ。

（完）

終わりに——他人本位から自己本位へ、そして

行き当たりばったりの写真散歩だからこそ、時代の移り変わりがくっきりと見えるだろうという予想は当たっていた。散歩に付き合ってみて、たしかにそう言うことができる。ただ、時代の変化がどこを基軸にするものかを探ろうとする道筋は、眼前に現れるものに従ってあれこれ言っていく散歩道とは当然に異なるから、本文では触れられなかったところがある。ここで補完しつつ、まとめておきたい。

挨拶の文化

カメラをもって野外へ出てすぐ、レンズを断りなしに未知の人に向けるという無作法を江花が犯す場面がある（23頁）。荷車の用意をしていたそのお百姓さんはシャッター音で感づいてキョロキョロ睨むのだが、江花は「素知らぬ顔をして」その横を通り抜ける。当時の読者はこの個所にいかなる感想を持ったであろう。

筆者は最初、「よかった、うまく切り抜けられて」と読み過ごしたが、何度か読み直すうち「レンズにはこの無作法は避けられないものか」と問題提起して書いたように見えてきた。繊細でありながら豪胆な面もある江花のこと、自分の行為を問題含みとしながら、露悪的にあえて記事化したのかもしれない。

それにしても、江戸期から明治期にかけて来日した外国人の多くが日本人の印象として真っ先に上げたのが「礼儀正しさ」か「挨拶の丁寧さ」であった。これまでたびたび引用した渡辺京二『逝きし世の面影』の指摘するところをいくつか示そう。

明治43年11月29日・高岡新報

「礼儀は適度を越して滑稽なところまで行っている。初めて日本に来た者は、つまらぬ日本人同士が道で会ってちょっとした言葉を交わしている間に、お互いに腰をかがめてお辞儀をし、果てしもなくペラペラと喋っている有様を見ると、噴き出したくなるであろう。」

幕府に請われ、海軍伝習所の教育隊長として長崎で二年を過ごしたオランダ人カッテンディーケの一八五九（安政六）年の言。彼は日本を侮蔑して言っているのではない。自分のもたらした西洋文化が日本に一層の幸福をもたらすかどうか、自信が持てないという理由の一つとして礼儀正しさの行く末をあげるのだ。

一八六九（明治二）年の横浜で英人ジェフソン・エルマーストは「外国人に対してだけでなく自分たちお互いに対して、これほど行儀作法が洗練されている国民は世界のどこにもいない。下層階級にあっても、知り合いが町で出会うと、近づく前にたて続けに二、三度低く頭を下げ、例のごとく鼻でシューシュー音をたてながら挨拶する。別れ際には、お世辞やら誰々によろしくなど言いながら、おなじことがまた繰り返される」と言っている。

これほどの挨拶文化を無視するよう江花に促したのは読者獲得という弱肉強食を絵にかく資本主義ルールであろう。前もって声をかけると被写体は自然さを失うという言い訳があったとしても、そこから逃れていないものだ。日露戦の報道により桁違いの一般読者を得た新聞メディアは明治末期、さらなる部数拡大のため、これまで被写体にすることのなかった普段着の人々を取り上げはじめる。どんな読者なら紙面に登場させられるのか、写真散歩シリーズはそのアンテナ記事であったのかもしれない。

江花は次の漁師に対しても撮影許可を得ずにシャッターを押している。写真文化がまだ一般的でない時代ではあるが、無作法をそれほど強く感じない程度に彼は江戸期文明からすでに離陸しているということであろう。浮かんだ空にどんな文化があるというのか。

百年後の現在を思いつつ、江戸期文明についてもう少し見ておこう。一八八九（明治二十二）年の浅草と銀座通りの群集について、英人記者エドウィン・アーノルドは次のように語っている。

「これ以上幸せそうな人びとはどこを探しても見つか

らない。喋り笑いながら彼らは行く。人夫は担いだ荷のバランスをとりながら、鼻歌をうたいつつ進む。遠くても近くでも、『おはよう』『おはようございます』とか、『さよなら、さよなら』というきれいな挨拶が空気をみたす。夜なら『おやすみなさい』という挨拶が。この小さい人びとが街頭でおたがいに交わす深い

お辞儀は、優雅さと明白な善意を示していて魅力的だ。一介の人力車夫でさえ、知り合いと出会ったり、客と取りきめをしたりする時は、一流の行儀作法の先生みたいな様子で身をかがめる」

度が過ぎて滑稽なものに見えることがあり、また、これら日本人の立ち居振る舞いを「この国に遠い昔からかけられてきた軛（くびき）の名残り」、封建的な身分制の名残りと見る外国人はいるけれど、アーノルドの賛美は決して的外れではなかろうと筆者に感じられるのは、アーノルドが次のようにも話すから。気恥ずかしさを免れないが、心を深く何度も叩かれる。

「日本には、礼節によって生活をたのしいものにするという、普遍的な社会契約が存在する。誰もが多かれ少なかれ育ちがよいし、『やかましい』人、すなわち騒々しく無作法だったり、しきりに何か要求するような人物は、男でも女でもきらわれる。すぐかっとなる人、いつもせかせかしている人、ドアをばんと叩きつけたり、罵言を吐いたり、ふんぞり返って歩く人は、最も下層の車夫でさえ、母親の背中でからだをぐらぐ

らさせていた赤ん坊の頃から古風な礼儀を教わり身につけているこの国では、居場所を見つけることができないのである。」

「この国以外世界のどこに、気持ちよく過ごすためのこんな共同謀議、人生のつらいことどもを環境の許すかぎり、受け入れやすく品のよいものたらしめようとするこんなにも広汎な合意、洗練された振舞いを万人に定着させ受け入れさせるこんなにもみごとな訓令、言葉と行ないの粗野な衝動のかくのごとき普遍的な抑制、毎日の生活のこんな絵のような美しさ、生活を飾るものとしての自然へのかくも生き生きとした愛、美しい工芸品へのこのような心からのよろこび、楽しいことを楽しむ上でのかくのごとき率直さ、子どもへのこんなやさしさ、両親と老人に対するこのような尊重、洗練された趣味と習慣のかくのごとき普及、異邦人に対するかくも丁寧な態度、自分も楽しみひとをも楽しませようとする上でのこのような熱心—この国以外のどこにこのようなものが存在するというのか。」

これらを前掲書で紹介する渡辺京二氏は、「この陳述に含まれている西欧人の深い徒労感」を思いやっている。西欧は「どうあってもいそいで前へ進もうとする」産業社会のただ中に在り、日本のような安寧をもう手にできないという徒労感である。アーノルドは次のようにも陳述している。

「生きていることをあらゆる者にとってできるかぎり快いものたらしめようとする社会的合意、社会全体にゆきわたる暗黙の合意は、心に悲嘆を抱いているのをけっして見せまいとする習慣、とりわけ自分の悲しみによって人を悲しませることをすまいとする習慣をも含意している。」

人前で涙を見せてはならないというマナーがこのような社会的合意からきているとは、筆者には思いもかけないことだったが、納得のできるものだ。

アーノルドが非常に広汎な領域にまたがり顕現するものとして礼儀正しさについて陳述するのを見ても、挨拶文化は江戸期文明の基幹部としていいであろう。礼儀がゆきわたり、その上に「社交好きな、上機嫌な、当意即妙を愛する、陽気で気質がさっぱりとして物に拘泥しない、子供のように天真爛漫な」人間ができあがる。「精神の安息と物質的安楽が、ひとつの完成し充溢した生活様式の中で溶け合っていた」幕末文明の姿であった。

江花のカメラによる無作法は、江戸期文明の基幹部に対する重要な侵犯である。近代科学の生んでいくカメラのような利器は、既存社会への挨拶を考えに入れないで開発されがちであるし、封建的な社会であったというだけで江戸期文明が顧みられなくなっていく様子をうかがわせるものである。

渡辺京二氏は著書名を『逝きし世の面影』とし、江戸期のそれは明治中期（一八九〇年代）には逝ってしまった、二度と蘇ることはないと断言している。今から測ることのできない諸条件がそろって成立した奇跡的な文明であったという人もいるから、その一つでも欠ければそれはたちまち逝ってしまうものなのだろう。渡辺氏の断言に深い同意を措くほかない。

茶目っ気という遺産

さて、しかし、本書で見てきたのは、明治末期の富山市にいくつか江戸期文明の残影があるということ。これよりさらに百年を経た現代にも、その残影はなお認められるように思われるので、確認しておく。

筆者の居る桂書房は、富山市郊外の呉羽山ふもとの借事務所にある。図書館へ本の返却や昼食などをとりに外を歩くと、時々、集団で下校してくる小学生たちと出会う。最初は二十年ほど前にもなることだが、彼らの一人に「こんにちは」と元気のいい声をかけられ、雷に打たれたように驚いたことがある。見ず知らずの大人へ小学生が挨拶の声をかけてくるなんて！　あわてて「こんにちは」と返し、熱いものが心中に勢いよくあふれたものだ。こんな一声でこれほど気持ちよくなれるものかと思う挨拶の交換であった。小学校での挨拶運動に子どもたちは促されているようで、地元の人と見違えて声をかけるのかもしれないけれど、たとえそうであっても、見知らぬ大人に声をかけるというのは伝統文化の支えなしにできる行為だろうか。筆者への挨拶は最近までずっと散発的にあった。小学生の純真と明白な善意が感じられてうれしいものだ。取

引先や大事な知己に出会うと、今でも深いお辞儀をし長々しく挨拶をくりかえすのを思えば、それを江戸期の遺産とするのが見当違いとは言えないだろう。

そうすればもちろん、一日を少しでも気持ちの良いものにしようという人びとの社会的合意も残っていよう。暮らしの中で見られるものとして、たとえば孫たちが筆者の口まねをして筆者とかかわってくる、茶目っ気というそれも残存する合意の一つと思われる。口まねのからかいに瞬時、返す語を失うけれども、笑い合うひと時を持っておのずと許す気は生まれるから。

茶目っ気を発する際の「ほほえみ」もまた歴史的な文化である。江戸・明治期に来日の外人たちはよくジャパニーズ・スマイルのことを言うようだが、フランス人画家のレガメは、日本のほほえみは「すべての礼儀の基本」で、「生活のあらゆる場で、それがどんなに耐え難く悲しい状況であっても、このほほえみはどうしても必要なのであった」、そう記すと渡辺氏はいう。生きていることを喜びあおうという風潮がいかに日本人の間に強かったかを示すように見える。ほほえみはいつでも笑えるよう人びとの顔に準備されていた小さな「ほころび」であったということだろう。

江戸期について史料に基づき調べて分かったことがある。一つは『女一揆の誕生』と題する女性版米騒動の起源をたずねたもので、天明三年（一七九三）に新潟県寺泊町に創始された置き米という仕法が女性の自立（それは女一揆に至る）をはぐくんだと突きとめることができたが、井戸端に朝夕の女房会議があってそこでおしゃべり文化が発達していたことを知った。

筆者は少年期の一九五〇年代、川端に山と積んだ大根を洗う数人の近隣の主婦たちの、高々と晩秋の空に響きわたる声を覚えている。柿の実をついばむカラスを追おうと爺さんが棒を振り上げたら糞をひっかけられたといった話を、口上手な主婦がうれしそうな顔で思いがけない地点から語り始め、寄り道をして巧みに引き延ばされるけれど、突然に笑点が現れて皆どっと吹き出したものだ。どの談論も一度きりで二度と起きない、あれはアートに近いものだった。

明治43年12月５日・高岡新報

笑わせて少しでも気持ちの良い一日をと願う心掛け。人様に向けて毎日たゆみなくふるまわれるそれ。嫁姑のうわさ話が出て若女房には耳が痛いこともあるけれど、そのほとんどが茶目っ気のオブラートに包まれていたことを、筆者は一緒に笑った少年として証言できる。誰がいつ発するか分からない茶目っ気であるが、ほとんどの人はその応援を間違えない。他人へのかかわり方として優れた手法で、幼児期から試されてそれは真に人々のものになっているから。

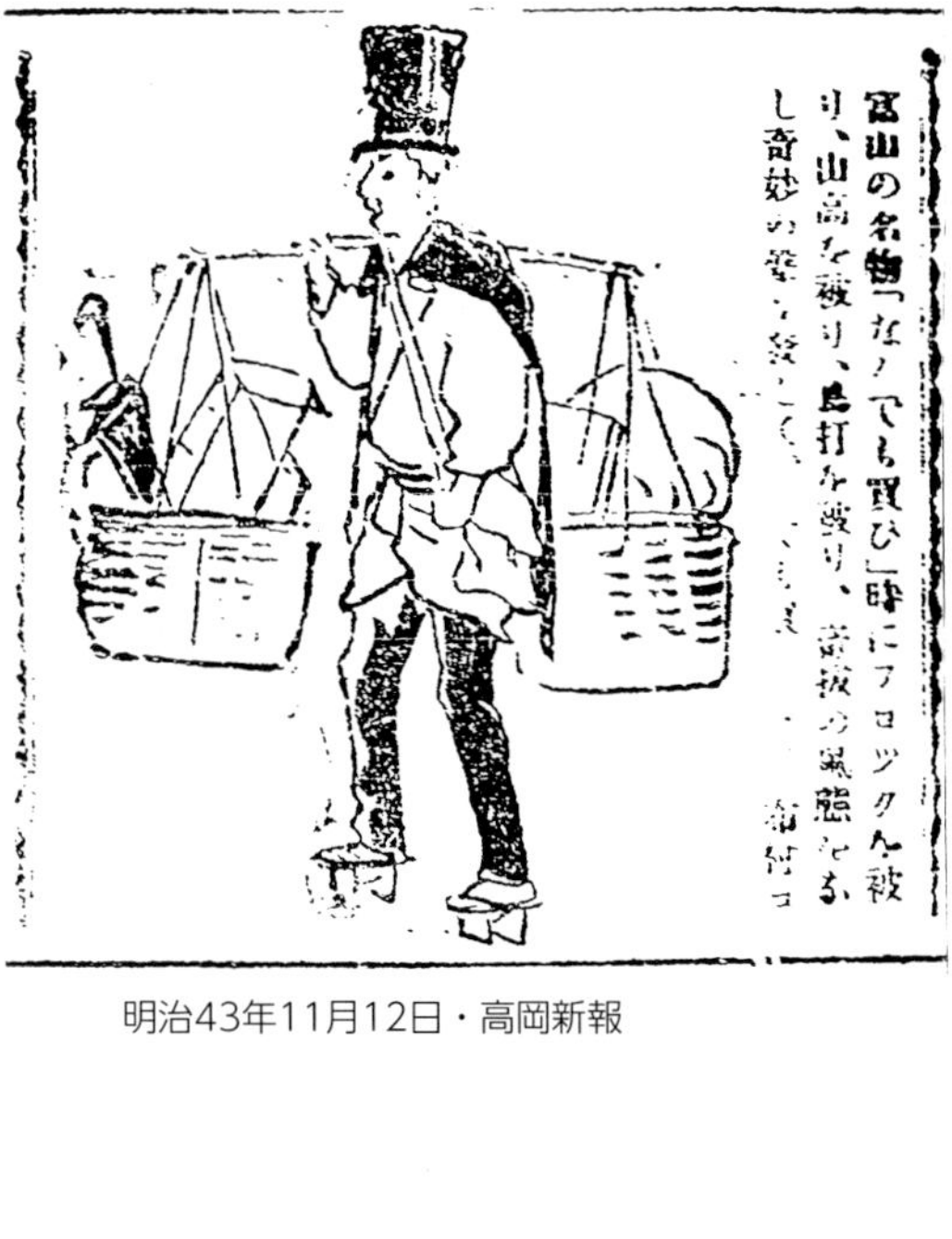

明治43年11月12日・高岡新報

もう一つの調べは、越中八尾風の盆「おわらはなぜ豊年祝いになったか」と題するもの（『おわらの記憶』桂書房刊）。ニワカや浄瑠璃、俗謡をもって町を練り回る元禄期の祝い文化は、「面白く」をテーマに、自分も楽しむけれど、人様を笑わせ楽しませることが優先されて始まったと伝えられる。ニワカは物まねや軽口によって見物を笑わせようとし、歌舞伎を本流とする浄瑠璃は、狂言の伝統をひくからかいやちょっかいをふんだんに取り入れて語るもの。八尾の「おわら」は「お笑い」がなまったものという説があるほど、人様をいかにしたら喜ばせられるかに腐心して成された江戸期風流であった。

他人本位という生き方

女房たちのおしゃべり文化、八尾の練り回り文化、いずれにも、他人を楽しませようとする気動きが顕著である。種が尽きれば、自分のしでかした失敗やら馬鹿さ加減まで披露してかまわない―自分を無にできる（無私という心）他人本位ともいうべき生き方が確立しているように見える。江花もカメラの前で、トルストイの農夫像に扮して見せる心意気を持っていた。

夏目漱石が「私の個人主義」という講演を一九一四（大正三）年になし、他人本位や自己本位という四文字を用いたことは有名である。「他人本位というのは、自分の酒を人に飲んでもらって、後からその品評を聴いて、それを理が非でもそうだとしてしまういわゆる人真似を指す」と漱石は述べる。誰も「そんな人真似をする訳がないと不審がられるだろうが、近頃流行るベルグソンでもオイケンでもみんな向うの人がとやかくいうので日本人もその尻馬に乗って騒ぐのです」と説明している。何か記事を書いて、真をつかない評価を受けても、西欧の高名な人のものなら自説を引っ込め、人真似をはじめる―そういう意味合いだろう。

筆者のいう他人本位は、そんな「根のない浮き草」であることではなく、人に自分の酒を飲んでもらい喜ばせようとする、人を悲しませることはすまいとする並外れた心掛けのことを指す。こんなふうにいってもそれは言葉の綾に過ぎない、根なし草を無私と言い替えているだけと言われるかもしれないが…。

漱石は、自分の酒を大事にしろといい、人に評価されなくても耐えるべきだと述べる。「我は我の行くべき道を勝手に行くだけで、そうしてこれと同時に、他人の行くべき道を妨げないのだから、ある時ある場合には人間がばらばらにならなければなりません。そこが淋しいのです」。

淋しいという孤独はもちろん古くから人間にあるものだけれども、それが耐えるに値する重要なものとこれほど明確に指摘した人はいない。漱石の宣言からちょうど百年、その孤独に耐えることのできた日本人はどれほどいるだろう。人々は他人の行くべき道を妨げなかっただろうか。

世界大戦下で味わった惨劇が痛切に思い起こされる。戦争の終盤、日本本土はアメリカ軍の猛烈な空爆を受け、何十万人という犠牲が出た。なかでも東京は何回も大空襲があってものすごい被害であったが、何回目かの翌日、一九四五年四月十六日の日記に次のように書いた人がいる。

「これ等の空爆を通して、一つの顕著な事実は、日本人が都市爆撃につき、決して米国の無差別爆撃を恨んでも、憤っても居らぬことである。僕が『実に怪しからん』というと、『戦争ですから』というのだ。戦争だから老幼男女を爆撃しても仕方ないと考えている。『戦争だから』という言葉を、僕は電車の中でも聞き、街頭でも聞いた。昨夜も、焼き出されたという男二人が僕の家に一、二時間も来ていたが、『しもた屋が焼かれるのは仕方がない、戦争なんだから。工場が惜しい』と話していた。日本人の戦争観は、人道的な憤怒が起きないようになっている」

戦前のジャーナリスト・清沢洌《きよし》の『暗黒日記』の一部だ。このくだりを歴史家・吉田裕氏は取り上げ、日本人の戦争受忍論がどこからくるのか、歴史的な検証が必要と述べている（『世界』二〇一五年一月号一二八頁）。「戦争だから犠牲や苦難を強いられるのは仕方がない」という考え方の根強さに吉田氏は立腹で、もっともなことである。

戦争において一般人は攻撃の対象にされないという認識はおおかたの者にあっただろう。敗戦二か月後富山市民が米軍インタビューに答えた史料がある。ランダムに選ばれた市民五十人（女性36人、男性14人）が個別に41の問いを受けたが、そのうち、「アメリカが日本を空襲したとき、その責任はどちらの方にあると思いましたか」という問いに対し、日本に責任があるは三十五人、分からないが十人、アメリカに責任があると答えたのはわずか五人。だが、この五人は、罪のない人の家まで焼いたから、市民まで殺したからとはっきり述べており、その一人が七十歳の老女であるのを見れば、市民と兵士を区別しない攻撃はよくないという理解は大方の人びとにあったとみていい。それにもかかわらず、七十パーセントの人が日本に責任があるというのだから、この人々は空襲を仕方のないものと見たことになる。責任はどちらにあるかと問われて市民たちは、兵士ではなかったが自分も対米戦争を戦っていたと意識せざるを得なかったということだ。小国民と呼ばれた子供たち、銃後という言葉、総動員という言葉、前線で戦う兵士とともに全員が戦っているという感覚のあったことは事実だろう。

全員兵士という感覚は、ナショナリズムに煽られてもあろうが、他人本位という歴史的な心掛けがその形成を助けたかもしれない。皆で頑張ろう、自分はたたかいたくないなどと言って人を悲しませないで──そういう気動きから、これに同調しない人を「非国民」呼ばわりする動きがでるのは自然だから。

それは江戸末期から明治にかけてしきりに起こった米騒動でも見られる。米価が高騰し困窮が始まると貧民の間を伝令がまわり同調がとられて一揆へと発展するまで、連帯していく人たちは与しない人々を差別脅迫、容赦なく排除していくし、買占めを行った米屋を

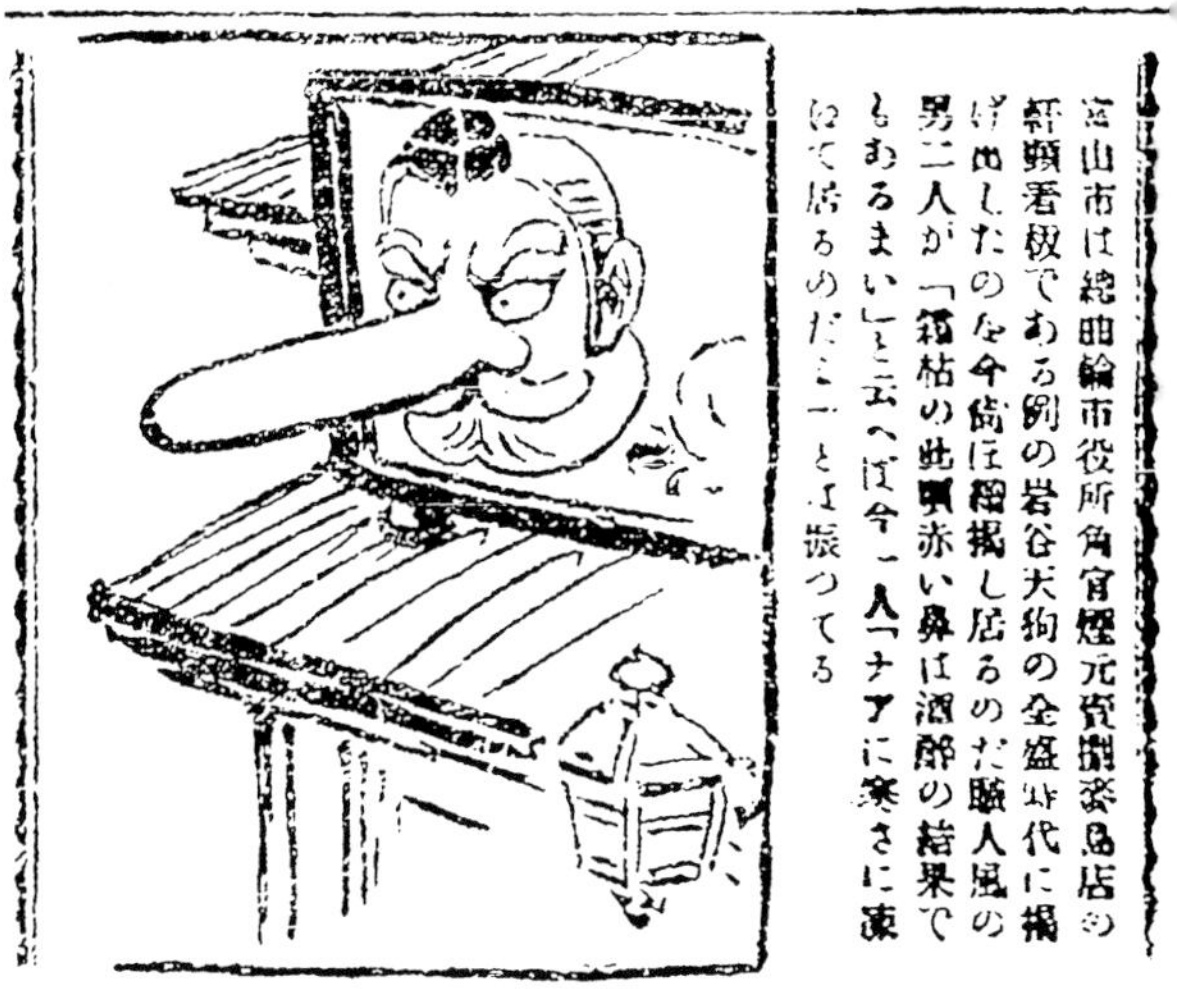

明治43年11月18日・高岡新報

なじって貧民たちは非難の声をそろえようとしていく。そして全員が身振りもそろえ「鬨の声」をあげて連帯を凝集する。困窮の様子をさまざまに違える一人一人が自分の事情を捨て他人に同化するここが他人本位という生き方の核心部。やがて敵前に出て行われる「声揃え」が全員を糾合したテーマが何かを示す。史料的に加賀藩や富山藩で確認されるのは「ひだるい」という語。一八五八（安政五）年の卯辰山上から金沢城に向けた千人ほどの声揃えは有名で、城内の藩主らはジッと「ひだるい」という声を聴いていたと史料にある。多様な心を一つに響き合わせる言葉が生み出されてようやく一揆という形になるのは現代のデモでもそうで、シュプレヒコールの言葉がたんにストレートな主張であれば、人々は小異を捨て大同につく心を得られず、みじめなデモになる。よく人の心を忖度するというのは言葉をよく見つけ出すこと。ある真をつく「非国民」という語が生み出されたから戦争を受忍する心は皆のものになったというべきであろう。

　真のないものに、あるいは「理が非でも」同調することは、人を楽しませようと世間の小さな出来事に目配りし、相互観察の目を鍛えている他人本位の人々には起こり得ないはずだが、資本主義の隆盛に伴い、安値や利便性という真が入り込むことで、同調の閾値が下がっていくことは避け得なかったようである。また、江戸期の人びとが、後世からは「非理」と見えるところに思いがけぬ真を汲み上げ、深い情愛をはぐくんでいることがあるので要注意。ともあれ、突き刺さる言葉をもって人を攻撃する心が、他人を忖度してやまない深い情愛からくるものであることは理解しておかねばならない。

夏目漱石のいう「他人の行くべき道を妨げない」自己本位の生き方は、戦争とどう向き合ったであろう。西欧の人たちはその個人主義を培ってきたはずであるが、他国の道をふさぐ侵略戦になぜ踏み切ってしまうのか、また、非国民呼ばわりは彼の国々にもあったというが、それはなぜなのか。ナショナリズムという別の熱情のなすわざというのか。それとも個人主義の心は、強い個の実現を他人と競争するものへと働くものなのか。答える力は筆者にはない。

自己本位の難しさ

夏目漱石が自己本位を言ったのは、江戸期文明の薄れを意識したことにもあると思われる。一九〇六（明治三十九）年刊『坊ちゃん』で「赤シャツがホホホホと笑ったのは、おれの単純なのを笑ったのだ。単純や真率が笑われる世の中じゃ仕様がない。清はこんな時に決して笑った事はない。大いに感心して聞いたもんだ。清の方が赤シャツよりよっぽど上等だ」と書いていることは前述（24頁）したが、《単純や真率》が清の育った江戸期からの心であることを漱石は認識し、惜しんでいる。それが薄れることは、人びとが西欧文明に振り回されて浮き草のようになっていくと見えるであろうし、自分を大切にと言いたくなる機会ともなろう。漱石のいう自己本位は江戸期の他人本位がはぐくんだ何もかもを否定するものではない。彼が摘示してみせた「他人の道を妨げない」という生き方はそれまでになかったゆえ、素晴らしさに魅了された人々は多かっただろうが、やや一方的な賛美になってきたのではあるまいか。

明治末期の井上江花の写真散歩に江戸期文明の残影が見え、そして現代にもなおあると見えるそれについて、再認識が必要である。私たちは自己本位を貫くには「個人」を強くしていけばいいと一方的に思い込んでいないか。他人本位との併存を怠っていないか。自省が必要であろう。

筆者も若い時に個人主義の生き方をしようと決意した事実があり、ずっとそれを志向してきたように思うが、たとえば現在、物真似を楽しむ無私のニワカ文化がそれほど悪いものと思えない自分がいて、他人とちょっと違うところに立つことに自負が生まれるのだけれど、そこにいつまでもとどまっていられるかといえば心もとなく、いったい、己は自己本位の側にいるのか他人本位の側にいるのか、見当がつかないところがある。生きている人の心は、そのちょっとした違いを楽しみに日々に動いているように思う。

それは迷いとも言うのであろうが、何かをもう選択したと見える人たちのことを考えてみよう。

たとえば八尾おわら節は、町の有志によって一九二十年代に大きな変容が加えられている。陽気に愉快に軽快に斉唱されていた歌から俗悪な歌詞・囃子が廃され、テンポを落とした上品な独唱に変わった。おかげで三味線や胡弓の奏でる音色は切ないまでに物悲しい響きを持つようになって、笑いを誘うという伝統の趣旨は無視されることになった。笑いというものが時代の中で価値を下げたと言えばいいのか。自分の悲しみによって人を悲しませまいとするより、淋しさに耐えようとする自分の心を際立たせる方に価値をおくようになったというべきか。漱石のいう自己本位の生き方が期待されたのだろうか。俳文学や音曲舞踊界の人びとを動員してその変容をきびしく洗練、若者たちも習練によく耐えて八尾風の盆は全国から何十万という人を呼ぶほどになった。おわら節の悲調が、自己本位というよりもっと、人間の命の賛歌という境地に達したからなのかもしれない。

八尾町衆のふだんの習練がどれほどあって達成されている文化なのか、外からは見えない。けれど、町衆が自分の子どもたちにその少年少女期から三味線や胡弓の糸に触れさせるのは、この世にはお金で買えないものがあることを知らず伝えようとしてのものだろうし、町衆自身、人様を喜ばしたいという他人本位の姿勢を厳しい生業の傍らで実践していようことはうかがい知れる。

筆者を含め多くの人はしかし、八尾町衆のように厳しく自身を処すことができずにきたというのが正直なところ。自己本位とも他人本位ともつかない生き方をしてきたといえるわけであるが、二つの姿勢はどちらか一つにするわけにいかない、併存させていくほかないものである。これからどのように使い分けていくかを意識していかねばならないであろう。

内山節『新・幸福論―近現代の次にくるもの』という本（二〇一三年刊）に、次のような言葉がある。

―「自分のために生きなければ損だ」というイメージも私たちの前から去りはじめた。いま人々が気づき始めているのは、「自分のために生きる」ことが「自分のために」ならないということだ。むしろ他者とともに生きる。他者のために生きる方が、最終的には自分のためにもなると考える人々が、いまふえはじめている」

他人のために生きると言っても、江戸期のような無私の他人本位の生き方に戻ることは難しいだろう。江戸期文明の遺産から見て私たちに可能なのは、他人とせめて軽目の関係を作っていくことであろうか。

小学生の時にバブル崩壊を迎えた今の三十代に希望を持つという学者がいる。鷲田清一と大澤真幸の二人、二〇一五年新春対談で次のように語っている。

鷲田「（彼らは）物心ついたとき世間は右肩下がりで、明日が今日より良くなるとは全く思えない。二〇〇一年の米中枢同時テロや〇八年のリーマン・ショックもあって、自分の将来は誰にも預けられないという感覚が強い。（略）彼らはおしゃれだけれど質素で、車に憧れもしないし、シェアハウスも上手に使いこなす。仕事も家庭も交友関係も、いざというときには修正、調整、縮小、撤退できるサイズ、スタイルを意識し、身の丈のセーフネットを自前で確保する動きが出ている。《静かな革命》と言いたいくらいです」

大澤「社会貢献の意識も強い。一人で世の中を変えるのは大変なので、一緒に考え、行動する仲間が自然とできてくる。そうした身近な小グループがネットなどを介して多様につながり、有機的な結びつきを深めていく。それが長い目で見た未来社会のイメージになるのかもしれません」

他人をちょっとの間でも喜ばすことができたらい い、小さい関係をつくっていこうとするそんな心掛けさえ失わなければ、きっと人間の新しい地平が見えてくるだろうという気がする。

井上江花の道

井上江花のことに戻って締めくくろう。江花は新聞メディアが商いであるかぎり、ペンやカメラによる無作法はさまざまな地点に起こってくることを避けられぬと予感しただろう。日常スナップの紙面化はつづけられるが、人物をいれない名所案内的な写真だけのものに重点が移っているのがそれを物語っている。

江花は、江戸期文明のいくつかを離さないで暮らしていくようである。その一つは先述したように草花や野菜を育てる生活。『崑崙日記』（明治四十～四十一年）という随筆に、訪ねてきた日本人牧師から「裏が開いていてよろしいですな」と、園芸のできる裏庭のことをほめられた場面を次のように記している。

井上江花（明治44年）

「自分は田圃に近い所に居なくては何となく命が縮まるように思いますので、こんな家にばかり住まっています」「それは結構です。私も大阪にいますがやはり田舎の方にあるのです。……裏が土手なら家が建つ気遣いはありませんな」「いや、ところが建ちそうなのです。川向うに兵営ができるためにこの裏手へ道が付く。家もしたがって建つらしいです」と、自分は物質的文明がしだいに自然の美を破壊していくことを憤るごとくに長嘆した……。

《なんとなく命が縮まる》という。狭い町家に閉じ込められて暮らすのはというだけでなく、新聞記者あるいは物書きという生業が、地に足のつきにくい、命にさわるような鬱屈をともなうものであるということがよく伝わる。かけがえのない自分の人生の愛執につい

「猟夫以外の人にして此地を踏査せるは我を嚆矢とす」（黒部峡谷『黒部山探検』より）

てたえず注意を払ってきた人の物言いであろう。

日記のこの発言の翌年、明治四十二年（一九〇九）夏、江花は黒部峡谷の踏破に撮影師を同伴して挑戦、まだ破壊されていない「黒部」の写真を紙面で大報道している。新聞に載せた探検記とあわせ、単行本『黒部山探検』と題して売り出している。

「黒部のごとく風景に富み、温泉に富み、木材に富みまた鉱物に富みながら真相世に知られず、利源人に聞かれざる秘境」とうたう「序」をみれば、開発を待ち望む経済人の目が濃厚である。自然公園という考えは取り入れられており、これらの富を風光資源として江花は記事でとりあげるのだが、利源という語はそれ以外の資源をも含めるもので、自然は破壊せざるを得ないものと観念しているのが見える。

「行き当たりレンズ」を載せた一九一〇年の夏、江花は黒部峡谷に再挑戦、能登や北アルプス諸峰の踏破にも及ぶ広域の「北陸探検団」を結成、はなばなしい活躍を見せる。紙面や本に掲載された写真は、印刷術の問題もあってとても映りが悪い。江花宅のアルバムにそれらの美しい原版も見つかっているので、小社でいずれ大型写真本として刊行するつもりである。

桂書房の本・ご注文承り書

3千円以上のご注文は送料サービス。
代金は郵便振替用紙にて後払いです。

書名	本体価格	注文○
ある近代産婆の物語	二、八〇〇円	
石黒党と湯浅党	一、五〇〇円	
越嵐 戦国北陸三国志	二、八〇〇円	
越中富山 山野川湊の中世史	五、六〇〇円	
富山城の縄張と城下町の構造	五、〇〇〇円	
加賀藩を考える	二、〇〇〇円	
近世砺波平野の開発と散村の展開	八、〇〇〇円	
富山民俗の位相	一〇、〇〇〇円	
立山信仰と布橋大灌頂法会	二、八〇〇円	
浄土と曇鸞	一、八〇〇円	
定本納棺夫日記	一、五〇〇円	
宗教・反宗教・脱宗教（岩倉政治論）	三、〇〇〇円	
油桐の歴史	八〇〇円	
棟方志功・越中ものがたり	二、〇〇〇円	
最古の富山県方言集	二、〇〇〇円	
越中萬葉と記紀の古伝承	五、五〇〇円	
古代越中の万葉料理	一、三〇〇円	
水橋町（富山県）の米騒動	二、〇〇〇円	
女一揆の誕生	二、〇〇〇円	
北陸海に鯨が来た頃	二、〇〇〇円	
明治・行き当たりレンズ	一、八〇〇円	
富山の祭り	一、八〇〇円	
越中怪談紀行	一、八〇〇円	

書名	本体価格	注文○
村の記憶	二、四〇〇円	
地図の記憶	二、〇〇〇円	
山姥の記憶	二、〇〇〇円	
鉄道の記憶	三、八〇〇円	
有峰の記憶	二、四〇〇円	
おわらの記憶	二、八〇〇円	
となみ野 散居村の記憶	二、四〇〇円	
越中・能登・加賀の原風景	八〇〇円	
越中の古代勢力と北陸社会	二、五〇〇円	
加賀藩救恤考	三、七〇〇円	
近世金沢の出版	四、二〇〇円	
加賀藩の都市の研究	六、〇〇〇円	
安政飛越地震の史的研究	二、五〇〇円	
加賀中世城郭図面集	五、〇〇〇円	
飛騨中世城郭図面集	五、〇〇〇円	
越前中世城郭図面集Ⅰ	二、五〇〇円	
立山信仰史研究の諸論点	二、五〇〇円	
加賀藩前田家と八丈島宇喜多一類	二、〇〇〇円	
加賀藩改作法の地域的展開	四、二〇〇円	
明智光秀の近世	八〇〇円	
堀田善衛の文学世界	二、〇〇〇円	

ご注文者住所氏名

〒　　　ー

郵便はがき

料金受取人払郵便

富山西局
承　　認

2085

差出有効期間
2021年
9月30日まで

切手をはらずに
お出し下さい。

930-0190

富山市北代三六八三ー一一

（受取人）

桂書房　行

愛読者カード

このたびは当社の出版物をお買い上げくださいまして，ありがとうございます。お手数ですが本カードをご記入の上，ご投函ください。みなさまのご意見を今後の出版に反映させていきたいと存じます。また本カードは大切に保存して，みなさまへの刊行ご案内の資料と致します。

書　名		お買い上げの時期 年　月　日	
ふりがな		男 女	西暦 昭和　　年生　歳 平成
お名前			
ご住所	〒　　　TEL.　（　）		
ご職業			

お買い上げの書店名　　書店　　都道府県　　市町

読後感をお聞かせください。

料金受取人払郵便

富山西局
承　認

7012

差出有効期間
2022年
3月20日まで
切手をはらずに
お出し下さい。

郵便はがき

930-0190

(受取人)

富山市北代3683－11

桂　書　房　行

下記は小社出版物ですが，お持ちの本，ご注文する本に○印をつけて下さい。

書　名	本体価格	持っている	注文	書　名	本体価格	持っている	注文
定本 納棺夫日記	1,500円			村の記憶	2,400円		
童話 つららの坊や	1,000円			地図の記憶	2,000円		
越中五箇山 炉辺史話	800円			鉄道の記憶	3,800円		
黒部奥山史談	3,000円			有峰の記憶	2,400円		
孤村のともし火	1,200円			おわらの記憶	2,800円		
二人の炭焼、二人の紙漉	2,000円			散居村の記憶	2,400円		
とやま元祖しらべ	1,500円			となみ野探検ガイドマップ	1,300円		
百年前の越中方言	1,600円			富山県山名録	4,800円		
富山県の基本図書	1,800円			富山地学紀行	2,200円		
古代越中の万葉料理	1,300円			とやま巨木探訪	3,200円		
勝興寺と越中一向一揆	800円			富山の探鳥地	2,000円		
明智光秀の近世	800円			富山の祭り	1,800円		
加賀藩の入会林野	800円			千代女の謎	800円		
越中怪談紀行	1,800円			生と死の現在(いま)	1,500円		
とやまの石仏たち	2,800円			ホイッスルブローアー=内部告発者	1,200円		
石の説話	1,500円			富山なぞ食探検	1,600円		
油桐の歴史	800円			野菜の時代一富山の食と農	1,600円		
神通川むかし歩き	900円			立山縁起絵巻 有頼と十の物語	1,200円		
越中文学の情景	1,500円			長い道	1,900円		

あとがき

人を楽しませたいという姿勢が強く現れる八尾風の盆「おわら」の町衆のことをどう表現したらいいか、あれこれ考えるうち、「他人本位」という語を思いついた。そうしてみると、江戸後期の人びとの生きる姿勢も基本的に「他人本位」であるように思われて、渡辺京二『逝きし世の面影』を何度も読み返すことになった。そして米騒動が一揆化する過程の中に他人本位の典型が現れることにも理解が及んで、語の発明者・夏目漱石の考えとの整合性に目がいった。朝日新聞がたまたま漱石の「三四郎」を再掲載中で、今朝の七十一回は「広田先生」が「われわれの書生をしている頃には、する事為す事一として他（ひと）を離れた事はなかった。凡てが、君とか、親とか、国とか、社会とか、みんな他（ひと）本位であった」と述べるくだりである。漱石もこれを江戸期にさかのぼる倫理と推測していたことがうかがえるが、偽善家・露悪家、あるいは利他主義・利己主義の対比も持ち出し、両主義の均衡うんぬんと話を運んでいて、筆者には及ばぬ地点に進んでいくようである。本格的な生きる姿勢論については他日を期したい。

あいかわらず、渡辺京二氏の『逝きし世の面影』を参照することがたいへん多かった。氏の本の持つ力はこれくらいで尽くせるものでなく、汲み取りようももっとあったかもしれない。渡辺氏の著書に大きな感謝をささげつつ、読者の皆様のご批判を待ちたいと思う。

最後に、貴重な写真を提供いただいた、井上江花の孫・井上岩雄氏（宇治市）に厚くお礼を申し上げる。

二〇一五年一月

著者

著者　勝山　敏一（かつやま・としいち）
1943年、旧新湊市生まれ。会社勤めや学校職員を経て1983年暮れ、桂書房設立。黒田俊雄編『村と戦争』（1988年）、青木新門著『納棺夫日記』（1993年）、山村調査グループ編『村の記憶』（1995年）、秋月煌著『粗朶集』（1996年）など、これまで400点余を出版。著書に『活版師はるかなり』（桂書房・2008年）、『女一揆の誕生』（桂書房・2010年）、共著に『感化院の記憶』（桂書房・2001年）、『おわらの記憶』（桂書房・2013年）がある。
〒934-0056富山県射水市寺塚原169

明治・行き当たりレンズ

2015年2月10日　初版発行

定価　本体 1,800円＋税

著　者　　勝 山 敏 一

発行者　　勝 山 敏 一

発行所　　桂　書　房
〒930-0103 富山市北代3683-11
電話076-434-4600
振替00780-8-167

印　刷／株式会社 すがの印刷

ISBN978-4-905345-82-4

地方小出版流通センター扱い